Anarquismo e conhecimento

Coleção **PASSO-A-PASSO**

CIÊNCIAS SOCIAIS PASSO-A-PASSO
Direção: Celso Castro

FILOSOFIA PASSO-A-PASSO
Direção: Denis L. Rosenfield

PSICANÁLISE PASSO-A-PASSO
Direção: Marco Antonio Coutinho Jorge

Ver lista de títulos no final do volume

Alberto Oliva

Anarquismo e conhecimento

ZAHAR

Jorge Zahar Editor Ltda.
rua Marquês de S. Vicente 99 – 1º | 22451-041 Rio de Janeiro, RJ
tel (21) 2529-4750 | fax (21) 2529-4787
editora@zahar.com.br | www.zahar.com.br

Composição eletrônica: TopTextos Edições Gráficas Ltda.
Capa: Sérgio Campante

CIP-Brasil. Catalogação-na-fonte
Sindicato Nacional dos Editores de Livros, RJ.

O41a Oliva, Alberto, 1950-
Anarquismo & conhecimento / Alberto Oliva. — Rio de Janeiro: Zahar, 2005.
(Filosofia Passo-a-passo; v.58)

Inclui bibliografia
ISBN 978-85-7110-862-2

1. Teoria do conhecimento. 2. Anarquismo. 3. Filosofia. I. Título. II. Série.

CDD: 121
05-1928 CDU: 165

Sumário

Há, meu caro lógico, mais coisas entre o céu e a Terra do que as sonhadas por nossa filosofia.

Hans Reichenbach

Os homens não são melhores que as crianças se não apenas aceitam o mando dos outros por força da necessidade, mas também o endossam com boa vontade, deixando de cumprir o dever de incessantemente avaliar os méritos das ações que executam. Quando me coloco nas mãos do outro, permitindo-lhe determinar os princípios pelos quais devo guiar minha conduta, repudio a liberdade e a razão que me dão dignidade. Torno-me culpado pelo que Kant poderia ter denominado o pecado da heteronomia voluntária.

Robert Paul Wolff

Da ordem das razões à livre interpretação

À exceção dos poucos problemas que podem receber tratamento objetivo, tudo mais está sujeito à incerteza interpretativa; a muito pouca coisa podem ser aplicados procedimentos de teste e demonstrações lógico-matemáticas; a maioria dos assuntos se mostra bastante suscetível a abordagens impressionistas. Não por acaso, os temas que mais despertam interesse tendem a se tornar reféns de rígidos esquemas ideológicos e de malabarismos retóricos. Os riscos da algaravia intelectual são grandes. Só que não se justifica desqualificar como insuscetíveis de abordagem racional os problemas do sentido da vida. O fato de as questões metafísicas serem infensas a tratamento lógico-empírico não é razão para seu banimento. Mesmo se o que se diz sobre elas não produz significado cognitivo, deve ser acolhido como formador de atitudes intelectuais umbilicalmente atreladas a formas de vida. Não cabe aferir teorias sobre a condição humana à luz de critérios que se aplicam apenas a explicações forjadas para fenômenos que admitem investigação objetiva. Comprovações empíricas e demonstrações lógicas não são panacéias intelectuais. Há domínios do saber, de extrema relevância para a vida pessoal e coletiva, que não têm como a elas recorrer.

Cada ciência lida com um conjunto muito pequeno de problemas. E, dentre os potenciais candidatos, só uns poucos acabam considerados legítimos. Como bem assinala Wittgenstein no *Tractatus logico-philosophicus*, ainda que a ciência resolvesse todos os seus quebra-cabeças, os problemas da vida permaneceriam intocados. O que mais o ser humano anseia entender — os segredos que acalenta desvendar sobre si e o mundo — não admite enfoque objetivista. Os dramas pessoais e coletivos não se resolvem com cálculos e experimentos. As perguntas que angustiam o homem não ensejam respostas impessoais expurgadas de sensores e valores. Ao reconhecer-se como autor, ator ou marionete da história, o agente se credencia a compreendê-la e a julgá-la. Por mais que seja arrastado por forças coletivas, pode sempre se posicionar diante dos rumos dos acontecimentos. Se a natureza pode ser entregue à dissecação objetivista da ciência, da sociedade o homem não tem como falar sem estar se referindo a si mesmo, à sua própria obra — em suma, sem se considerar parte do que analisa. Se por um lado essa auto-referencialidade atrapalha a busca do conhecimento objetivo, por outro, confere ao homem a singular capacidade de dar sentido ao que é e ao que faz.

O que mais causa aflição intelectual, o que mobiliza corações e mentes, não tem como se colocar acima das paixões e emoções. Talvez se vivesse livre de ameaças à sua sobrevivência, o homem não se devotaria à árdua tarefa de tentar compreender o mundo no qual vive. Quiçá passasse seu tempo entregue à pura fruição sensível. O princípio do prazer não teria por que lutar contra o controle, quase tirânico, exercido pelo princípio de realidade. Os cinco sentidos seriam suficientes para interagir com o mundo. Não haveria a necessidade de desenvolver sofisticadas formas de pensamento — edificadas pela razão — para lidar com o intrincado cipoal de desafios que a toda hora tem de enfrentar para se manter vivo. A razão que se arvora a ir além do imediatamente dado, a inferir o desconhecido a partir do conhecido, a buscar regularidades de coexistência e sucessão na natureza, mostra-se insuficiente para lidar com realidades, como as pessoais e as associativas, diante das quais o homem enfrenta não só o desafio de entender, mas também o de dar sentido. A busca de significados para o que existe vai além das constatações e explicações. Não há fórmula científica de (con)viver e nem algoritmo que ensine a tomar as melhores decisões no movediço terreno das (inter) ações humanas. A busca da felicidade é individualizada. Ninguém tem como saber o que é bom para o outro, como ensinar o outro a ser feliz. Pode-se, quando muito, ter sensibilidade para detectar o que infelicita o outro.

O otimismo em relação às explicações que a ciência provê costuma ser merecido. Deixa de sê-lo quando degenera no cientismo que acredita que a ciência esgota todas as possibilidades de conhecimento. A despeito de seu poderio explicativo e preditivo, a ciência é circunscrita e falível. Suas técnicas mais acuradas não se aplicam a todo tipo de problema e seus resultados têm de ser sempre acolhidos com cautela. Foge de sua alçada definir como se deve viver, que tipo de fim buscar no varejo das ações individuais e no atacado das redes de interação. Por mais que conte com o auxílio da ciência, a atividade de dar sentido às coisas e às vivências envolve ingredientes indomesticáveis como os afetivos, e polarizadores como os ideológicos. Não se constroem identidades pessoais ou coletivas idealizando experimentos ou fazendo cálculos.

Por deixarem de perceber como metodológicas as limitações da ciência, alguns pensadores formaram sobre ela uma visão injustamente negativa. Tolstói, por exemplo, a desqualifica por considerá-la incapaz de enfrentar as questões que realmente importam: o que devo fazer, como devo viver? Ora, a ciência não se envolve com perguntas desse tipo por se reconhecer desprovida de instrumental metodológico apto a fornecer boas respostas para elas. Por isso é injusto condená-la por seus métodos não se prestarem ao estudo de determinadas matérias e por ter pouco a oferecer ao equacionamento dos problemas da vida. Viver é mais uma questão de sabedoria que de ciência. Russell distingue *knowledge* (conhecimento) de *wisdom* (sabedoria). À sabedoria incumbe determinar o uso que se vai dar ao conhecimento. Por exemplo, este produz a bomba atômica, aquela define que (des)uso será feito dela. Além do mais, caso se arvorasse a estatuir como se deve viver, a ciência assumiria uma função normativa que a aproximaria da filosofia e da religião e a afastaria de seus pressupostos.

São as questões recalcitrantes ao tratamento científico que explicam em parte a longevidade da especulação metafísica e das religiões. A insurgência contra a rigidez da pesquisa científica explora o fato de que há fenômenos da vida psicossocial para os quais *construir compreensões* é mais importante que *encontrar explicações*. Há aspectos dos assuntos humanos cuja elucidação depende mais da construção de sentidos que da constatação de regularidades. Se a ciência é superior a outras formas de saber, e não há como estender seus métodos ao tratamento das questões momentosas que afligem o homem, disso não se segue que só há uma modalidade de conhecimento. Se só a ciência gera conhecimento, ficam os problemas da vida entregues às opiniões, no sentido platônico das *doxai*, variadas e desencontradas.

A existência de desafios intelectuais refratários a abordagens objetivistas torna problemática a defesa de uma metodologia universal. O tratamento dispensado às questões humanas angustiantes não segue regras metodológicas específicas. A produção de efeitos retórico-ideológicos costuma, nesses casos, se sobrepor à preocupação com a fundamentação das teses. Quando aplicado à esfera do saber, o anarquismo procura explorar a existência de um extenso campo de problemas, os humanos, que desponta como impermeável a tratamento objetivista. Rechaçando o cientismo (ou cientificismo), o anarquismo apregoa que a ciência deve se livrar do jugo do método para liberar as forças represadas da criatividade — as únicas que fazem o conhecimento realmente avançar. É como se sugerisse que a ciência deveria aplicar a seus desafios intelectuais a mesma *liberdade de interpretação* que acaba prevalecendo no enfrentamento dos problemas da vida. No fundo, o pressuposto é o de que o regramento metodológico, que torna possível a abordagem objetivista, não é bom nem para a ciência. As regras do método passam a ser consideradas nocivas a todos os tipos de pesquisa. A livre interpretação, e não a explicação elaborada com base em um método, é defendida como positiva para todos os domínios do saber.

Leibniz era de opinião que chegaria o dia em que se poderia estender, como uma espécie de vitória final da razão sobre as emoções e as paixões, a avaliação objetiva e impessoal a todos os assuntos. Vingaria o mote "não discutamos, calculemos". Trata-se de ideal inatingível. Dependendo do tema abordado, a razão é, para recorrer à formulação de Hume, escrava das paixões. A segurança da inferência demonstrativa e o controle propiciado pelos testes empíricos têm um campo de aplicação muito restrito. É disso que têm se aproveitado os inimigos da ciência para desqualificá-la como subproduto da razão instrumental, como se esta tivesse condições de acalentar a pretensão de universalizar seus critérios e práticas. Se há assuntos para os quais o arsenal metodológico da ciência pouco tem a oferecer, isso não significa que haja algo de errado com ele.

Quando os defensores da ciência não reconhecem as limitações de suas técnicas de pesquisa, eles abrem o flanco para os ataques dos que a associam a um método estreito, insensível aos problemas da vida. Em nada desmerece a ciência sua manifesta incapacidade de lidar com a dimensão "*fuzzy*" das questões da existência humana. Mas, se os problemas da vida não têm como ser enfrentados com a bússola segura da racionalidade científica, isso não significa que o melhor é entregá-los à livre interpretação, a especiosos torneios verbais e ao relativismo que sustenta que verdades podem até existir, só que variam de indivíduo para indivíduo, de grupo para grupo, de cultura para cultura. A impossibilidade de aplicar tratamento científico a determinadas questões não torna inevitável o relativismo que decreta que a adesão a certos valores, sobretudo extracognitivos, é o que define as crenças que são aceitas individual ou coletivamente.

O significado pedagógico da concepção falibilista de conhecimento equivale ao reconhecimento de que não há como chegar a verdades e certezas, apenas a teorias tentativas, de valor epistêmico incerto, dignas somente de aceitação provisória. Se até na pesquisa científica — confinada ao estudo de matérias objetiváveis — a aprendizagem deve-se devotar prioritariamente à modesta tarefa de detecção de erros, é inevitável que o enfrentamento dos problemas da vida nos leve a teorias ainda mais precárias e muito distantes das metas da verdade e da alta probabilidade. Se até o estudo que se diz realizado sob estrito controle metodológico não pode assegurar a longevidade de seus resultados, o que dizer de assuntos cuja abordagem acaba sendo inevitavelmente permeada por valores e visões de mundo? Não há como saber que se chegou à verdade, ainda que esta tenha sido conquistada, mesmo quando se trata de estudo sobre fenômenos naturais. E quando estão em questão os problemas da vida fica difícil até estabelecer méritos e deméritos explicativos entre as diferentes visões e posicionamentos.

A incapacidade de reconhecer que a maioria dos assuntos não está ao alcance metodológico da ciência deu origem, pelo lado dos que a veneram, ao cientismo e, pelo lado dos que a atacam, ao movimento anticiência. Muitos se colocam contra a suposta rigidez dos métodos científicos sem se perguntarem o que *de facto* a ciência faz e o que tem a oferecer em termos explicativos. Não existe o imperialismo das ciências (naturais e formais) simplesmente porque nem tudo está sujeito a testes e cálculos. A ciência viva não é a encarnação perfeita da racionalidade e nem a expressão de uma vil razão instrumental a serviço de interesses político-econômicos.

O termo anarquismo se forma com duas palavras gregas, *an* e *archos*, e originariamente significa ausência de governo ou regras. Debutou na política no final do século XIX, quando Marx empregou a palavra de modo pejorativo. O anarquismo se estende da esfera política — na qual se apresenta como fazendo oposição à ordem de coisas estabelecidas — para a epistemológica quando passa a defender com verve militante uma teoria *negativa* do método. Seu surgimento se dá em um momento em que proliferam as teorias do método como conseqüência de uma ampla rejeição das visões fundacionalista e justificacionista de conhecimento. A pregação anarquista bate com insistência na tecla de que não há legislação metodológica que não embote ou destrua a criatividade. A premissa tácita é a de que, sendo os problemas da vida refratários ao tipo de investigação desenvolvido pela ciência, é imerecido o valor e o poder que têm sido a ela conferidos. A despeito de sedutora, a tese de que a criatividade tem de ser colocada acima de qualquer regulamentação precisa ser acuradamente avaliada.

Quando tantas são as propostas de método, todas se tornam questionáveis. E caso se deixe de acreditar em uma *ars probandi*, em uma *lógica da pesquisa*, uma saída é propor a livre e variada interpretação na esperança de que a multiplicidade de óticas compense a insegurança metodológica. A tese de que as regras do método só servem para inibir a criatividade ganha plausibilidade quando o poder de validar da metodologia em geral está sendo questionado. O anarquismo defende, a pretexto de humanizar a ciência, que à pesquisa empírica seja conferido o mesmo grau de liberdade interpretativa que se faz presente nos estudos dedicados aos problemas da vida. Laudan, em *Ciência e relativismo*, mostra que a epistemologia tradicional — predominantemente fundacionalista e justificacionista — tinha três objetivos: 1) busca de dados incorrigíveis a partir dos quais o resto do conhecimento poderia ser derivado; 2) propostas de normas ou recomendações com vistas a facilitar a obtenção e a validação do conhecimento; e 3) formulação de critérios em condições de determinar quando se tem uma *bona fide* alegação de conhecimento. A identidade do anarquismo se forma pela rejeição total desta *agenda* e pela descrença de que seja possível propor sua substituição *positiva* por outra melhor.

O oceano da pesquisa sem a âncora do método

O anarquismo entra em cena no momento em que as controvérsias epistemológicas se arrastam sem vencidos ou vencedores, e em que sobressai a incapacidade da ciência de atacar os problemas qualitativos da vida pessoal e social. Seu intento é demonstrar as vantagens do pensar livre de amarras que se recusa a vestir a camisa-de-força do *método*. Por se considerar expressão maior do pensamento crítico, o anarquismo abraça a missão não só de apontar falhas nas visões tradicionais de conhecimento, mas também de denunciar o suposto substrato político autoritário em que se assentam essas visões. Sua aversão à metodologia se pretende justificada: para se aventurar por novos caminhos, o pensar não pode ser conduzido por regras.

Qualquer ordem político-social estabelece algum tipo de restrição ao agir a pretexto de que é o preço que a civilização faz o homem pagar para evitar que a violência campeie. Algo similar se invoca a favor das regras do método — é o meio de evitar que a ilogicidade e a ineficiência explicativa prevaleçam. O anarquismo parece abraçar o pressuposto de que o perigo político da "guerra de todos contra todos" e o epistemológico do irracionalismo não passam de chantagem feita pelos agentes da ordem. A defesa que o anarquismo faz da total e irrestrita liberdade de criação o leva a colocar-se contra *todas* as regras. Não ataca, por exemplo, as regras inferenciais de uma lógica bivalente por considerá-las rígidas ou limitativas, não propõe alternativa a ela: defende a insurgência contra todas as lógicas. Quando um discípulo pediu a Epíteto que lhe demonstrasse a necessidade de estudar lógica, o sábio fez a pergunta embaraçosa: e como você saberia que a demonstração é boa?

É para este tipo de pergunta que o anarquismo não tem resposta.

Contrapondo-se à tradição inaugurada pelo *Organon*, de Aristóteles, e continuada pelo *Novum organum*, de Bacon, e pelas *Regulae ad directionem ingenii* e pelo *Discours de la méthode*, de Descartes, o anarquismo se define como libertário. A regulamentação é inimiga da inventividade, já que só se chega ao novo infringindo regras. Não se trata de afirmar apenas que não existe *o* método e sim que em qualquer de suas versões ele desempenha função negativa. Nesse caso, o método, além de não definir o *ser* da ciência, impede sua florescência. O valor das idéias independe de como tenham sido geradas e de como possam ser aferidas. Como a aceitabilidade das teorias não é definida em função do apoio que recebem, ou deixam de receber, dos fatos, cumpre julgá-las por sua força interpretativa. Rechaçada a velha tese de que *contra fato não vale argumento,* passa-se a propor a defesa da livre teorização. Os fatos não são a base rochosa do conhecimento. Nada garantem, nada justificam: *sozinhos* não confirmam e nem infirmam nada, não têm poder de definir a verdade ou probabilidade das teorias e nem de decretar sua falsidade. Não são dados brutos a demandar apenas registro, são construções teóricas, artefatos interpretativos. Abordar algo de modo diferente leva a ver nele coisas diferentes. Em *Contra o método* Feyerabend defende a tese questionável de que os fatos são constituídos por ideologias. Podem até sê-lo, só que nesse caso deixa-se de apreender o que têm de próprio. É claro que se tudo é ideológico não há por que haver preocupação com método (e nem com ideologia). A escalada do anarquismo começa com o ataque ao método, depois se volta para a ciência e, por fim, desanca a própria razão.

É controverso que regras que ambicionam conduzir os rumos da pesquisa sirvam quando muito para consolidar o já sabido, forçando a aceitação de certas verdades, jamais para conquistar novos conhecimentos. A crença subjacente a este tipo de arrazoado é a de que só repelindo todas as formas de norma metodológica pode o pensamento fluir sem sofrer travamentos artificiais. A opção por comportamentos intelectuais respaldados por "cânones metodológicos" tem como única serventia promover o enrijecimento da atividade de pesquisa. O ataque que o anarquismo desfere contra o monopólio cognitivo que alguns autores conferem à ciência tem por objetivo *político* conceder a todas as formas de saber — da metafísica ao mito, passando pela arte — valor explicativo. O que a ciência tem de melhor tem sido descrito como o casamento perfeito entre o empírico e o matemático. Ao se tirar da experiência a prerrogativa de prover os fatos que julgam as teorias, e ao se encararem as regras do método como meras convenções, abriu-se o caminho para que a ciência despontasse como tão especulativa quanto qualquer outro domínio do saber.

Por não reputar a ciência superior a outros campos do saber, o anarquismo deixa de destacá-la como possuidora de um método especial. A ciência é vista como uma forma de explicar a realidade tão falha e especulativa quanto a metafísica e o mito. E por desacreditar que o avanço do saber possa se dar por meio da conquista de verdades, o anarquismo propugna pela multiplicação de óticas. Só com a concorrência entre teorias diferentes, pertencentes ou não às mesmas áreas do saber, o conhecimento cresce. Para o anarquismo epistemológico defendido por Feyerabend, seu grande expoente, a supremacia que se confere à ciência não tem base intelectual — só política. As metodologias clássicas seriam contraproducentes por defenderem procedimentos que levam a pesquisa científica a se fechar em si mesma, deixando de se abrir ao jogo interativo com as alteridades.

O critério de demarcação de Popper procura distinguir ciência de não-ciência sem deixar de reconhecer que idéias, *insights*, intuições presentes em teorias míticas e metafísicas podem dar origem a hipóteses científicas. Feyerabend radicaliza essa tese: todos os saberes desfrutam do mesmo estatuto cognitivo, não se justificando qualquer forma de hierarquização epistêmica entre eles. Ao eliminar o diferencial metodológico entre a ciência e o resto, o anarquismo passa a depreciar as regras como convenções intelectualistas que, além de inúteis, prejudicam o progresso do conhecimento por embotarem a criatividade. O lema feyerabendiano — *anything goes* (vale tudo, qualquer coisa serve) — almeja libertar os pesquisadores do jugo do método.

Se em busca de conhecimento qualquer procedimento é válido — desde a aplicação de modelos matemáticos até a alegoria do mito e a especulação metafísica, passando pelos testes empíricos —, deixa de ter utilidade estatuir normas de conduta na pesquisa. Se tudo é admissível na tentativa de entender o mundo, cabe ao pesquisador *interagir interpretativamente* com os fatos, e não se submeter a seu veredicto, forjando (ou levando em conta) o maior número possível de óticas. O sonho do anarquismo parece ser o de estender a liberdade retórica, encontrável no tratamento dispensado aos problemas da vida, a toda e qualquer modalidade de investigação. O genuíno saber não é o que se escraviza aos objetos pela aplicação do método certo, e sim o que promove a integração, a salvo de controles metodológicos, entre diferentes visões sobre eles para deles ter a mais ampla e diversificada compreensão. O risco de se recair na inconclusividade explicativa não preocupa o anarquismo. Este está convencido de que o conhecimento é resultado não da unicidade e da unanimidade, mas da pluralidade de pontos de vista em franca competição.

A postura que se pretende libertária gera resultados aquém do esperado por não se confirmar a promessa de que, abandonadas as regras do método, a criatividade deslancha. O mais comum é a total ausência de regras despontar como inimiga da inventividade. A conseqüência não-pretendida da completa abolição das normas pode ser o retrocesso cognitivo marcado pela falta de confiabilidade nos resultados obtidos. O risco da *anomia intelectual* é alto: ao abolirem-se os critérios de escolha racional, tudo pode acabar reduzido ao confronto indecidível de opiniões e estas à expressão de gostos subjetivos e de preferências socialmente acordadas. Não se pode deixar de reconhecer que a pesquisa enfrenta sempre o desafio de conciliar criatividade com disciplina. Como a criatividade é escassa, é forte a tendência a impingir normas, o mais das vezes improfícuas, e a impor rituais repetitivos e ineficazes.

A pedagogia inspirada no anarquismo tem o mérito de enfatizar a importância da liberação das forças de criação e inovação. O que cabe discutir é se o método é necessariamente incompatível com a busca do novo. Cumpre sempre avaliar o quanto determinado método (des)estimula a criatividade, o que com ele se pode fazer e quão sólida é sua fundamentação. O questionável é a certeza com que se proclama que a abolição de todo e qualquer regulamentação metodológica produz sempre melhores resultados. Contrariando a máxima de que o pior governo é melhor do que a total ausência de governo, de que a mais restritiva lógica é melhor que a ilogicidade, o anarquismo sustenta que tanto o pior método quanto o método logicamente impecável são dispensáveis por embotarem o espírito crítico e travarem a inventividade. A intuição e a imaginação, propostas como meios privilegiados de se chegar ao novo, e o diálogo (crítico) entre alteridades, sem vencidos e sem vencedores, são destacados como as molas propulsoras do conhecimento.

As críticas que têm sido feitas às visões empirista e racionalista servem de ponto de partida para a defesa da postura que repele toda e qualquer metodologia. As deficiências fundacionais dessas correntes são encaradas como tornando imperioso o rechaço de suas recomendações epistêmicas. A rejeição tanto do justificacionismo — definido por Lakatos, em "Falsificação e metodologia dos programas científicos de pesquisa", como a teoria do conhecimento que promove a "identificação do conhecimento com o conhecimento provado" — quanto do falibilismo propugnado por Popper tornaria inevitável o anarquismo. Kulka chama a atenção em "Até que ponto vale tudo?" para o fato de que "parece ser um padrão recorrente, na história intelectual européia, que a ascensão do irracionalismo se associe à insatisfação com as concepções prevalecentes de racionalidade". A existência de expectativas muito ambiciosas em relação ao desempenho da razão e o fato de se dar mais destaque aos fracassos do que às suas realizações positivas acabam por minar a confiança que se pode depositar na razão. A frustração com a incapacidade da razão de lidar competentemente com todos os tipos de quebra-cabeça pode se constituir na base psicológica tanto do ceticismo quanto do anarquismo.

Por mais que tenham sido abaladas as bases de sustentação dos modelos metodológicos tradicionais, desponta como uma generalização abusiva a tese de que o método, em qualquer de suas versões, não passa de legislação intelectual desnecessária ou nociva. É exagerado sustentar que toda e qualquer proposta de regulamentação metodológica é sempre inepta e inibidora da criatividade. Até porque a condução do processo intelectual, ao deixar de ser feita por regras voltadas para a conquista de determinados objetivos cognitivos, pode ficar à mercê de normas informais de eficácia duvidosa e até de outras veladamente mais cerceadoras.

O anarquismo tem a seu favor o fato de reconhecer o caráter hipotético, falível e provisório das teorias endossadas. Só que a revisibilidade e a corretividade do conhecimento científico não são atribuídas a um método especial, o devotado à eliminação de erros, por meio de técnicas do tipo *ensaio e erro.* Os grandes resultados da pesquisa não são vistos como decorrendo da excelência metodológica dos procedimentos adotados, e sim da obsessão em confrontar teorias e explicações forjadas nos mais dessemelhantes campos do saber. O grande pesquisador navega sem a bússola do método pelos mares do desconhecido: tenta de novo para fracassar de novo para fracassar melhor. Partindo da premissa de que não há explicação definitiva ou verdade a alcançar, o anarquismo infere que é inútil definir como deve ser conduzida a pesquisa. Se à luz do falibilismo popperiano, como observa Lakatos, só é possível aprender, sem jamais conhecer, à luz do anarquismo aprender é multiplicar óticas sem chegar a vencidos e vencedores. Os erros são menos expurgados individualmente e mais coletivamente. Às alteridades incumbe poder apontar as principais falhas do mesmo.

O fato de a maioria das metodologias ser de tipo normativo, e não descritivo, fez com que fossem acusadas de se mostrar apartadas dos modos concretos de produção de conhecimento. É sabido que as primeiras reflexões sobre a ciência moderna vêem com exagerado otimismo o papel das regras metodológicas na produção do conhecimento. Chegam inclusive a encará-las tanto como dispositivos de invenção (*ars inveniendi*) quanto de justificação (*ars probandi*) de teorias. À medida que a ciência foi forjando explicações cada vez mais complexas, foi ficando claro que muitas das regulamentações que tinham sido apresentadas como imprescindíveis à sua produção não eram capazes de gerar os resultados pretendidos e nem de adequadamente justificá-los. A constatação de que regras tidas como vitais à realização da boa pesquisa se revelaram incapazes de acompanhar o desenvolvimento histórico das ciências serviu para acuar as modalidades prescritivas de discurso metodológico. Mas até que ponto o vale-tudo é um bom remédio para o normativismo descolado da ciência de carne e osso? Não será o vale-tudo a doença infantil do *criativismo*?

A mensagem libertária tem o mérito de mostrar que a ação individual e a atividade de pesquisa sofrem obstruções por excesso de controles desnecessários e regulamentações burocratizantes. Há casos em que o apego a determinados métodos de investigação predetermina a conquista de certos resultados, impedindo a inteligência de obter os que só são alcançáveis quando se vai contra as práticas estabelecidas. Sem a total liberdade de experimentar não há como trilhar novos caminhos. É louvável a defesa do exercício do pensamento sem travamentos artificiais. Nada melhor que desacorrentar as forças que promovem a criatividade interpretativa, que desobstruir o caminho de modo a permitir que fluam livremente as energias criadoras represadas por sistemas de regras que só servem para reproduzir a mesmice. A mensagem anarquista seduz quando apregoa que libertar o pensar das convenções intelectuais engessadoras é a única forma de fazer o conhecimento avançar e de colocá-lo a serviço das grandes causas da humanidade. A proposta política de atacar os poderes estabelecidos tem como contrapartida metodológica a desregulamentação da pesquisa.

O que o anarquismo está supondo é que progresso e poder, inventividade e regulamentação metodológica são por natureza incompatíveis. Mas basta comprovar que a adesão a uma regra do método é imprescindível à boa realização de determinado tipo de pesquisa para que se derrube a tese anarquista de que o método é necessariamente inimigo do pensamento criativo. Sem falar que regras de conduta na pesquisa podem se mostrar inúteis sem serem cerceadoras. Soa despropositado atacar uma regra metodológica como se fosse uma norma social que tacha, por pura convenção, de inaceitável determinado tipo de comportamento. O completo usufruto da liberdade intelectual não é incombinável com todas as ordens da razão, apenas com algumas. Até porque a criatividade sem as instruções da razão pode ficar sem rumo, perambulando a esmo pela floresta dos fatos, sem capacidade para atingir o mais simples objetivo cognitivo. Se a falta de liberdade produz o autoritarismo e o totalitarismo, a liberdade sem limites produz a anomia comportamental e a desorientação intelectual. Como a liberdade total pode levar a seu oposto, é importante reconhecer que a liberdade de pensar pressupõe levar em conta as orientações básicas da razão. Há métodos e métodos; uns promovem a criatividade em parceria com a razão, outros invocam ilegitimamente a razão apenas para propor normas infecundas.

No caso da pesquisa científica, o nível de criatividade desejável pode não ser menor que o necessário para se fazer arte de qualidade. Mas isso não significa que se possa fazer ciência apenas soltando as asas da imaginação. Ao entrar em um laboratório, um cientista iniciante não espera que seu instrutor lhe diga: "Faça o que bem entender, não há método a seguir." Tampouco que seja instado a ser "simplesmente criativo". Ele anseia por orientação quanto a como participar da pesquisa — o que deve fazer, que procedimentos empregar etc. É preciso, além do mais, ter presente que a criatividade em ciência depende diretamente do conhecimento teórico amealhado, da capacidade de formular novas questões, do diuturno questionamento dos pressupostos, das quebras de rotinas, da introdução tentativa de novas práticas (laboratoriais ou não). A imaginação científica, indispensável tanto para as grandes quanto para as pequenas descobertas, não é como a artística, uma vez que só pode ser adequadamente exercida sob o controle da lógica e da experiência. O desafio da metodologia é como propiciar esse controle sem inibir a criatividade.

A visão tradicional de conhecimento está sujeita a severas críticas, só que a proposta anarquista mostra-se ainda mais vulnerável. É fácil propor o banimento das regulamentações metodológicas, em geral com o fito de esquivar-se do desafio de prover fundamentação para uma teoria do método. Ora, se não se acredita na existência de virtudes epistêmicas gerais, sem as quais nenhum estudo sério pode ser feito, então o foco crítico se coloca contra qualquer pretensão, independentemente de sua fundamentação, de regular e regulamentar a atividade de produção de conhecimento. Só que carece de fundamento o ceticismo que decreta estar toda diretriz metodológica fadada a cumprir o papel nefasto de travar o progresso do saber. É grande o risco de o aventureirismo intelectual, em nome da liberação total da criatividade, inviabilizar a geração de conhecimento. Na defesa de suas teses, o anarquismo recorre, ao menos tacitamente, à indução "negativa" — as deficiências identificadas nas regras do método até hoje propostas legitimam a rejeição indiscriminada do método em geral. O ataque parte do pressuposto de que os critérios clássicos de justificação fracassaram e a única saída é defender um vale-tudo capaz de prospectar as melhores potencialidades da criatividade explicativa. A pluralidade de óticas substitui o ideal perdido da *verdade*.

O anarquismo sustenta que regras só ensejam rituais burocratizantes, só servem para travar o progresso intelectual, que a pesquisa avançada precisa se desenrolar em interação com a mais diversificada gama de visões e perspectivas. Ele também supõe que a total falta de regras, de crivo metodológico, pode ser compensada pela proliferação de explicações, pelo intercâmbio crítico entre os diferentes. Como não acredita na existência de um *tribunal empírico* em condições de julgar as teorias, o anarquismo considera que a forma mais eficaz de evitar a oclusão intelectual é multiplicar pontos de vista. Quando se toma uma teoria como verdadeira, o que se está fazendo é absolutizar sua ótica. Conhecer é, para além de qualquer regramento, privilegiar a criatividade que fomenta a variedade explicativa. Do fato de ser justificável rechaçar o normativismo panacéico — bem exemplificado por Bacon, que encarava as regras do método como receita infalível de gerar e justificar conhecimento — não se segue que toda e qualquer regra é contraproducente.

A partir do momento em que se abandona a regra maior das epistemologias "positivistas" — só devemos acatar teorias devidamente respaldadas por suficiente evidência empírica — e a das epistemologias "negativistas" — devemos abrir mão das teorias quando conflitam com contra-exemplos —, então qualquer outra regulamentação epistêmica despontará como desnecessária. A decretação da inutilidade da *regra suprema* serve de justificativa para desconsiderar qualquer outra modalidade de norma. Todo o arrazoado feyerabendiano baseia-se na premissa tácita de que a crise dos modelos clássicos de justificação torna inevitável o anarquismo. A visão anarquista — *hay método, soy contra* — explora com competência a crise dos velhos padrões de avaliação epistêmica supondo indevidamente que não há mais espaço para a proposição de novas vias metodológicas. Feyerabend oscila entre conceber o anarquismo como precondição para o progresso do conhecimento científico e como única forma de se evitar o autoritarismo da ciência legitimado pela ideologia cientificista que apregoa que fora da ciência nada há de cognitivo — só retórica e emoção.

Ao considerar a ciência uma forma de interpretação da realidade como outra qualquer, o anarquismo estabelece uma indistinção entre os saberes e negligencia que as principais contribuições que cada um pode dar derivam da especificidade de seus problemas e da singularidade de seus procedimentos. Se a chamada racionalidade científica se explica menos pela atuação das razões lógicas e das evidências empíricas e mais pelo influxo que os fatores psicossociais exercem sobre a forma e o conteúdo das teorias científicas, disso se segue que os interesses político-econômicos são mais constitutivos do *ser* da ciência que os imperativos metodológicos. A mistura que o anarquismo promove entre questões de lógica da ciência e de sociologia da ciência torna inútil a busca de um critério de cientificidade. Ocorre, porém, que, se os discursos que aspiram à cientificidade forem encarados como desprovidos de fontes próprias de racionalidade e de critérios próprios de justificação para o que defendem, a ciência será apenas mais uma das possíveis narrativas sobre a realidade. Quando se nega haver entre os saberes diferenças metodológicas proeminentes, resulta ineficaz propor que entabulem intercâmbio crítico.

O tradicional dilema metodológico — basear-se no que é feito em ciência ou estatuir o que deve ser feito — é enfrentado por Feyerabend de modo ambíguo. Ora ele sugere que quando o conhecimento efetivamente avança os cientistas tendem ao anarquismo, ora sustenta que o anarquismo é condição de possibilidade de todo e qualquer progresso cultural. Em razão de privilegiar momentos de grande transformação na história da ciência, o ataque de Feyerabend a toda e qualquer regulamentação metodológica procura se apresentar como estribado nos modos pelos quais a ciência tem sido praticada. É, no entanto, discutível que a ciência só avance adotando contraprocedimentos.

É claro que, para o defensor da revolução permanente em ciência, as regras metodológicas acabam despontando como entraves à superação de resultados. Mesmo porque nos momentos de grandes mudanças teóricas muitas regras costumam se tornar, por mais adequado que tenha sido seu uso pré-revolucionário, anacrônicas, por ficarem defasadas em relação ao novo estado do conhecimento. Mas sem a regra a violar não teria sido possível tatear o novo e encontrá-lo para então se justificar descartá-la como ultrapassada à luz dos mais recentes avanços. A crítica aos normativismos metodológicos costuma se apoiar tanto em constatações quanto em valorações. É fácil sustentar que a história da ciência tem mostrado que os mais autênticos progressos do conhecimento contrariam, de uma ou de outra maneira, todas as metodologias até hoje propostas, que todas as regras são violadas em algum momento, que há contra-exemplos históricos para todos os padrões normativos apresentados como o método universal da ciência. O difícil é, a partir de tais constatações, justificar o anarquismo.

Como é manifesta a dissonância cognitiva entre o que propõem as metodologias e o que fazem os cientistas na rotina de suas investigações, está certo Feyerabend quando afirma em *Contra o método* que "a idéia de conduzir os negócios da ciência por meio de um método que encerre princípios firmes, imutáveis e absolutamente obrigatórios enfrenta considerável dificuldade quando posta em confronto com os resultados da pesquisa histórica". Só que não é preciso ser anarquista para perceber a gritante diferença entre as regras idealmente formuladas e os procedimentos *de facto* empregados. A enorme distância que existe entre o método idealizado e as práticas rotineiras da ciência não significa que a conduta na pesquisa deve ser sempre definida *ad hoc*, sempre subordinada às forças da criatividade, e que o avanço do conhecimento depende de se adotar o anarquismo.

O fato de casos específicos da pesquisa científica falarem contra a validade universal de qualquer regra não permite inferir que só a regra do "vale-tudo" é defensável. Pode-se concordar que as regras costumam se revelar entraves ao progresso do conhecimento, ou até que podem desencadear o efeito contrário ao pretendido, sem, no entanto, dar razão ao anarquismo, sem endossar a tese de que as regras são, independentemente do que prescrevem, sempre perniciosas. Só acreditando que são sempre um estorvo à descoberta de novos fatos e à invenção de novas teorias é que se pode considerar racional rejeitá-las em bloco, em qualquer de suas versões. A comprovação de que certos episódios da história da ciência, sobretudo revolucionários, envolveram a transgressão das regras estabelecidas aponta para o perigo de se considerarem intocáveis as metodologias privilegiando-se seu uso dogmático. Só que assumir postura crítica frente às normas metodológicas não se confunde com liminarmente rejeitar qualquer tipo de regulamentação da pesquisa. Por mais que as regras tenham historicamente tendido a engessar o pensar, constituindo-se em empecilhos à geração do novo, nada autoriza a indução de que as regras sempre serão procedimentos contraproducentes.

A completa depreciação das regras impede que sejam feitas diferenciações, no conjunto dos resultados obtidos pelas pesquisas, entre o fundamentado e o improcedente. Se não é possível distinguir um método profícuo de um inoperante, deixa de ser viável separar uma boa de uma má teorização substantiva. Para eludir essas dificuldades, Feyerabend, em "Consolações para o especialista", decreta que na República do Conhecimento todos os saberes têm o mesmo estatuto epistêmico, além de depreciar a ciência, no limite do irracionalismo, sustentando que "não é inescapável e pode-se construir um mundo em que não desempenhe papel algum: 'ouso sugerir que tal mundo seria mais agradável do que o mundo no qual vivemos'". Nos antípodas da tradição inaugurada por Bacon, a ciência deixa assim de ser vista como provedora da forma mais confiável de conhecimento e como base intelectual das reformas e transformações que levam a um mundo melhor. Passa até a ser responsabilizada por algumas das piores mazelas sociais. Nem a criticabilidade e a corrigibilidade de suas teorias — ausentes no mito, na magia e nas pseudociências — são reconhecidas como expressão da superioridade intelectual da ciência. A ciência nada mais é que uma prática interpretativa cujas construções não têm a qualidade aferida por regras metodológicas especiais e sim pela competição que travam com as teorias forjadas em outros domínios do saber. O método é invocado por aqueles que ambicionam deter mais poder falando em nome da ciência ardilosamente confundida com a razão.

O adeus à razão: com ou sem o aval da razão?

Um dos ataques mais sofisticados à razão clássica é o que sustenta que o pesquisador não aprende confrontando suas teorias com o "mundo", e sim lidando com um amplo conjunto de alternativas. A riqueza explicativa não resulta da convergência com a realidade, mas da pluralidade de óticas. Onde não há a tensa convivência entre várias modalidades de investigação — científicas, filosóficas e míticas — há pobreza intelectual. Mesmo o mais empírico dos estudos só será fecundo caso entre em acirrada competição com perspectivas rivais. À ciência não se deve conceder o monopólio da explicação da realidade. Seu sucesso prático, resultante da aplicação da razão instrumental, não derivaria de nenhuma superioridade intelectual. As várias formas de contribuição que a não-ciência pode dar à pesquisa científica resultam de esta, por limitações metodológicas, se adstringir à aplicação de um enfoque do tipo objetivista.

Atento à oclusão intelectual provocada pela hiperespecialização científica, o anarquismo apregoa que não há como julgar méritos puramente intrínsecos, que somente o permanente confronto entre *diferentes* propicia a identificação das vantagens comparativas de cada *estilo de pensar*. Em defesa da adoção de uma metodologia pluralista, Feyerabend advoga, em *Contra o método*, que o cientista que deseja maximizar o conteúdo empírico de suas teorias deve introduzir diuturnamente novas concepções: "Compete-lhe comparar idéias antes com outras idéias do que com a 'experiência' e tentar antes aperfeiçoar que afastar as concepções que fracassarem na competição."

Para dar sustentação técnica às suas teses, o anarquismo recorre ao princípio da proliferação: se não há como decidir se uma teoria é ou não intrinsecamente profícua, por inexistir um método capaz de fazer tal aferição, então só resta como saída propor o contraste entre as diferentes interpretações disponíveis no mercado intelectual. Com isso, o centro das atenções metodológicas se desloca de uma avaliação puramente *intrateorética* para a complexa problemática das *interações interteoréticas*. É controverso que estimular a criação do maior número possível de enfoques, em um ambiente de livre competição intelectual, sempre favorece o mais rápido avanço do conhecimento. Como a contraposição de óticas não se circunscreve ao campo científico, já que envolve até modos míticos ou metafísicos de pensar, o desafio passa a ser o de lidar com diferenças que se situam no plano explicativo. Em virtude de as teorizações urdidas em outras áreas deverem, em benefício da própria ciência, ser levadas em consideração, resvala-se para uma concepção de racionalidade em que o jogo das diferenças é a única garantia de que não se está injustamente absolutizando uma explicação — uma representante de um padrão cognitivo. Em *Contra o método*, Feyerabend sublinha que "o pluralismo das teorias e concepções metafísicas não é importante apenas para a metodologia; é também parte essencial de uma visão humanitária".

A despeito da verve da pregação anarquista, a metodologia não está fadada a propor regras que inviabilizem a ágil e eficiente produção de conhecimento. Do fato de existirem casos emblemáticos em que as regras tolhem a imaginação criadora e falham como dispositivos de justificação não se segue que o melhor método é a ausência de método. Como uma regra está associada a certa tipologia de conduta intelectual, o anarquismo tanto pode estar se levantando em defesa de potencialidades comportamentais quanto promovendo a pura e simples desorientação. A possibilidade, salientada por Feyerabend, de que o endosso a determinadas regras metodológicas pode ser feito, em certas situações, à base de coerção extra-intelectual — por meio de ameaças e intimidação — não legitima o anarquismo. Mesmo porque a falta de autoridade intelectual — impessoalmente estribada na razão — pode favorecer o "mandonismo" sem ilustração.

A ciência sempre tendeu a ser vista como o aprofundamento, em que pesem as enormes diferenças com a metafísica, do projeto de racionalidade inaugurado pela filosofia. Ao igualá-la à arte, Feyerabend deixa de vê-la como portadora de alguma singularidade cognitiva. Em "Problemas do empirismo — Parte II", ele afirma que "a única diferença entre poetas e cientistas é que os segundos, tendo perdido seu sentido de estilo, tentam agora se reconfortar com a agradável ficção de que seguem regras de um tipo completamente diferente capazes de produzir um resultado muito mais grandioso e importante — a Verdade". As diferenças entre ciência, arte e filosofia passam, assim, a ser creditadas a seus distintos projetos de interação com a realidade, à obediência a propósitos sociointelectuais distintos, e não aos diferentes impactos que as razões lógicas e as evidências empíricas têm sobre suas teorias. Não contando a ciência com um método especial, deixa de ser possível atribuir-lhe superioridade explicativa. Feyerabend questiona a tese de Popper de que há progresso nas ciências mas não nas artes, rejeitando seu pressuposto de que o conteúdo das teorias que se sucedem pode ser comparado em termos, por exemplo, de conteúdo de verdade, conteúdo de falsidade, capacidade explicativa e poder preditivo. A tese feyerabendiana de que há incomparabilidade entre as diferentes etapas evolutivas percorridas respectivamente pelas ciências e artes elimina a diferença, talvez a única importante, entre progresso objetivo e variações estilísticas.

Se a idéia de método está associada à imposição de um conjunto de padrões metodológicos encarado como indispensável à confecção da única forma possível de conhecimento, procedimentos alternativos são descartados como inferiores ou inúteis. Em contraposição, ao colocar todos os saberes no mesmo plano epistêmico, o anarquismo torna desnecessária qualquer preocupação com o método. O diuturno contraste de óticas é que faz o conhecimento avançar, não o método empírico associado a demonstrações lógico-matemáticas. Contra as visões tradicionais, o anarquismo encara a ciência mais como um processo social que como uma estrutura racional. Afastadas as idealizações que a concebem como produto da razão pura, a ciência como prática social deixa de merecer qualquer privilégio intelectual. Só que a tese de que o racional nada mais é que o social transfigurado precisa ser racionalmente comprovada. Não se pode defendê-la sem indicar quais procedimentos metodológicos podem ser adotados para validá-la. O que fica sempre por demonstrar no debate entre filosofia e sociologia (da ciência) é a contribuição dada respectivamente por fatores (psicossociais) e razões (lógico-empíricas) na (re)produção da racionalidade científica. Pode-se desacreditar que o poder da ciência baseie-se estritamente em um modelo de racionalidade elucidável pelo estudo de sua *lógica interna*. Mas é pouco esclarecedor apregoar genericamente que esse poder deriva da eficaz manipulação simbólica, socialmente construída, dos objetos estudados.

A epistemologia tradicional se preocupa em identificar os dispositivos que permitem justificar, de modo estritamente lógico-empírico, as teorias. Ao desconsiderar todo tipo de justificação, o anarquismo supõe que o irracionalismo é o preço a pagar pela assunção de posturas libertárias. As metaciências autoproclamadas pós-positivistas não se preocupam com o fato de que privilegiar os fatores psicossociais — vendo o conteúdo da ciência como tão socialmente determinado quanto o da mais engajada ideologia — desemboca, em última instância, no ceticismo e no irracionalismo. Se a ciência acaba reduzida a um modo, como qualquer outro, de criar explicações, então a teoria que defende isso tem tanta credibilidade quanto qualquer outra. A verdade, que vale também para o anarquismo, é que a teoria que reduz a racionalidade da ciência à sua dimensão psicossocial precisa ela mesma de justificação. Não basta proclamar que o que é fruto da livre criação intelectual não precisa se submeter a nenhum crivo avaliatório. Os anarquistas, tanto quanto os dogmáticos, têm a obrigação de demonstrar a solidez de suas conclusões. Não é possível defender de forma anarquista o anarquismo e nem de forma irracionalista o irracionalismo. Por isso não se dá adeus à razão sem recorrer a seus mais sofisticados modos de argumentação. É preciso recorrer à razão até para condená-la. É neste tipo de círculo vicioso que se enreda o anarquismo.

Razão, poder e forma de vida

A ênfase nos chamados fatores psicossociais e político-econômicos, em detrimento dos imperativos *lógicos* e das evidências empíricas, só aparentemente torna a defesa de uma postura anarquista mais defensável. Ser vista como uma instituição social como outra qualquer não implica que a ciência é ou possa ser praticada à margem de qualquer normativização da conduta na pesquisa. É claro que o externalismo provoca o esvaziamento da função das regras metodológicas no processo de produção de conhecimento, mas ele não favorece a visão de que a ciência pode ser uma atividade totalmente *desregrada*.

Contrariando as aparências, o externalismo cria grandes dificuldades ao projeto de defesa de uma metodologia anarquista. Se máximas comportamentais organizam a ação dos cientistas, não há como atacá-las no caso de serem convenções sociais definidoras do tipo de *atividade* chamada ciência. Mesmo porque não seriam simples *ordens* intelectuais passíveis de substituição por outras — ou por nenhuma outra. Emanando da sociedade deixam de ter vida puramente intelectual para encarnar formas de vida. Pode-se por isso dizer que a posição anarquista enfrenta maiores dificuldades para se justificar quando encara a ciência *mais* como fato social do que como construção lógico-empírica.

O anarquismo é mais defensável quando diagnostica — as regras metodológicas até hoje propostas têm se mostrado em dissonância cognitiva com os momentos mais importantes da produção do conhecimento — que quando prescreve afastar toda e qualquer regulamentação para que prevaleça a livre criatividade interpretativa.

É equivocado supor que o ataque às regras em geral se fortalece caso a ciência seja concebida como produto de contingências históricas e fatores psicossociais. No caso de a ciência ser entendida como construção social, a força crítica do anarquismo tende a diminuir. Isso ocorre não só em virtude de suas invectivas contra a *ordem* só poderem alcançar as regras metodológicas que estão em uso, mas, sobretudo, por sua pregação não poder ter a ambição de ensinar o pesquisador a se sublevar contra as *causas* (psicossociais) determinantes do *tipo de agir* específico da pesquisa científica. Esse tipo de ação só poderia ser questionado pela indigitação das deficiências do embasamento teórico que o estrutura, jamais pela recusa dos comportamentos que definem sua especificidade teórico-prática. Não faz, por exemplo, sentido aconselhar um cientista a não desenvolver suas atividades de pesquisa em um laboratório experimental, e sim em um centro espírita; tampouco será sensato propor a um aprendiz de cientista que negligencie os resultados de testes e experimentos ou que substitua a leitura dos *Principia* de Newton pela da Bíblia. Em cada instituição — científica, política, religiosa — vigoram regras básicas responsáveis pela especificação do comportamento típico do pesquisador, do fiel, do parlamentar, do estudante etc.

Repelir o conjunto de regras que define o fazer ciência pode equivaler a abandonar seu campo de pesquisa para ingressar em outro. Isso porque só se pode criticar o substrato teórico da *comportamentalidade científica,* jamais a própria comportamentalidade científica em sua totalidade ritualística, sob pena de deixarmos de fazer ciência. Por recusar a distinção entre contexto da descoberta e contexto da justificação, Feyerabend move críticas, indispensáveis à sua postura destruidora de fronteiras, às práticas e atitudes típicas da pesquisa científica como se não fossem necessárias à comportamentalidade definidora da ciência. A verdade é que estender o anarquismo às estruturas comportamentais que definem a tipologia de ação distinguida como ciência corresponde a estimular a perda da identidade em nome da irrestrita liberdade. É como alguém ser livre sem saber quem é, estar cercado das mais sedutoras alteridades sem ter identidade. Como bem assinala Bunge em *Racionalidade e realismo*, o anarquismo não tem como "explicar por que a ciência avançou tão rapidamente, se não em direção a teorias mais verdadeiras, pelo menos em direção a novos problemas, novas leis e novos fenômenos, enquanto pseudociências como a astrologia se limitaram a reiterar os mesmos ensinamentos e princípios estabelecidos por Ptolomeu há mais de dois mil anos".

Das críticas, muitas vezes procedentes, aos preceitos metodológicos que têm sido apresentados como indispensáveis à pesquisa científica, o anarquismo passa para o rechaço dos comportamentos, cujo regramento tem natureza psicossocial, que definem as tipologias de ação às quais se dá o nome de ciência. Não é possível discorrer criticamente sobre o fazer ciência se as condutas imprescindíveis à definição da singularidade de suas ações têm matriz social. Neste caso, criticá-las equivale a atacar sua etiologia social. E não cabe reputar inúteis — quando muito cerceadoras, discricionárias — as regras que se impõem socialmente. A proposta que defende o abandono das regras que norteiam a conduta dita científica equivaleria, sendo essas regras sociais, à dissolução do modo científico de pensar e agir.

Se a ciência é um modo socialmente determinado de dar inteligibilidade à realidade, a proposta de praticá-la nos moldes defendidos pelo anarquismo soa artificial. Mesmo porque os ingredientes normativos especiais, que se fazem presentes nas práticas científicas de pesquisa, mostram que não se justifica reduzir a ciência a uma atividade social como outra qualquer. O fato é que o anarquismo só consegue combater o normativismo positivo com o normativismo negativo. O voluntarismo, baseado na convicção de que sempre é possível modificar as práticas intelectuais, é menos compatível com o externalismo que vê tudo como socialmente determinado. Em *A idéia de uma ciência social*, Winch observa que não podemos aplicar critérios de lógica aos modos de vida social como tais: "A ciência é um modo de vida, a religião outro; e cada uma tem critérios próprios de inteligibilidade, de tal modo que no interior da ciência ou da religião as ações podem ser lógicas ou ilógicas; na ciência, por exemplo, seria ilógico não assumir o compromisso de acatar os resultados de um experimento adequadamente realizado, ao passo que na religião seria ilógico supor que nossas forças devam se contrapor às de Deus."

O anarquismo, ao se recusar a propor alternativas *positivas*, defende uma teoria do método calcada em uma regra única: o vale-tudo. Para se opor a toda e qualquer regra (passada, atual ou futura), só lhe restou propor uma que aparentemente nada tem de normativo. Se o tipo de comportamento que define a especificidade da atividade científica é *social*, o vale-tudo não tem como prevalecer, já que a sociedade, com seu poder de determinação, sempre imporá uma ordem por meio da inoculação de padrões de conduta. Para ser efetivo, o ataque às máximas comportamentais que caracterizam a ação social destacada como científica teria que provocar o desvanecimento do que tem de próprio a *forma de vida intelectual* que torna a ciência possível. Se os imperativos lógicos não são determinantes, e sim as condições históricas e os fatores psicossociais, isto não significa que a ciência possa ser praticada sem que os pesquisadores se submetam aos rituais comportamentais que viabilizam sua produção. E como as máximas comportamentais *comunitariamente* estatuídas podem se revelar mais cerceadoras da criatividade intelectual que as prescrições metodológicas aviadas por cientistas e filósofos, disso se segue que o externalismo torna mais difícil a defesa das posições anarquistas.

O anarquismo não consegue explicar como podem ser repelidos os princípios organizadores de uma tipologia de ação (a científica) sem que se saia dos limites de sua territorialidade, sem que se abandonem os componentes básicos que constituem sua identidade. Não se pode ir contra *todo* padrão que socialmente condiciona o pensar e agir (científicos), uma vez que padrões se formam e se impõem *contra* a vontade das pessoas ou ao menos sem que tenham sido escolhidos, sem que seja conhecida a natureza do que os determina. Se a ciência é epifenômeno da vida social, não dá para neutralizar a ação dos fatores psicossociais. Outro modo de praticar a ciência precisa estar associado a uma outra forma de vida. E isso não depende de escolha intelectual. Uma das principais debilidades do anarquismo é não se dar conta de que suas críticas são mais eficazes quando se dirigem às *razões metodológicas* e menos quando se aplicam aos fatores sociais. Mesmo porque as *causas* dos comportamentos (dos cientistas) não têm como ser questionadas e qualificadas de cerceadoras da livre criação intelectual. *Razões* podem ser substituídas por outras pretensamente superiores, enquanto as estruturas comportamentais, socialmente determinadas, se fossem — se pudessem sê-lo — todas rejeitadas, acarretariam a dissolução dos traços definidores da chamada atividade científica.

A despeito de ser possível estabelecer analogias, é questionável que os mecanismos de regulamentação metodológica e os dispositivos de legitimação do poder político obedeçam a uma mesma "lógica" — a da simples reprodução da ordem existente. Na ciência e na política *razões* e *causas* têm diferentes pesos e provocam impactos distintos. As razões — dispositivos de justificação invocados com vistas à adoção de atitudes intelectuais ou à execução de cursos de ação — são cruciais na definição do tipo de identidade cognitiva que a ciência persegue para si. Por terem uma atuação que não é mediada por considerações em torno do que define a legitimidade cognitiva, as causas — fatores determinantes de estados de coisas, ações e situações — desencadeiam efeitos que estão fora do controle dos intentos dos atores.

Por mais que a ciência viva sob a égide da ideologia do poder da razão, a política é controlada pela ideologia da razão do poder. O ingrediente *político* que se aninha na ciência dá a enganosa impressão de poder ser invocado para favorecer uma mais fácil legitimação do anarquismo. Só que não é assim. No fundo, a invocação de fatores externos se presta apenas à empreitada de demolição da crença em uma razão científica auto-subsistente, mas não para justificar o total descrédito das regras constitutivas do *ser* e do *agir* científicos. Isso porque os fatores externos, se vistos como afetando a forma e o conteúdo dos produtos científicos, não têm como ser questionados ou afetados pela pregação anarquista. Os fatores psicossociais, que supostamente moldam a atividade de pesquisa, se manterão atuantes independentemente de serem avaliados pela iconoclastia anarquista ou pela postura conformista do conservantismo intelectual.

O ataque anarquista é melhor dirigido às razões invocadas, apontando-lhes as insuficiências e as possíveis restrições que impõem à criatividade, que às causas psicossociais. Como os propalados fatores externos mostram-se, em termos de força causal, impermeáveis à crítica, as condutas intelectuais modeladas por determinações sociais, políticas e econômicas são mais cerceadoras que a submissão a razões (epistêmicas) infundadas e inibidoras da criatividade. A diferença reside em poder alguém se desvencilhar das regras infecundas adotando outras melhores — só que não está ao seu alcance afastar, por meio de um ato de vontade intelectual, as causas psicossociais perniciosas, substituindo-as por outras que ensejam o livre curso da criação. Por isso o condicionamento externo que impelir à burocratização, ao travamento da criatividade, não tem como ser combatido com o princípio anarquista do *anything goes*. Se as razões apresentadas a favor da adoção de uma regra são equivocadas, cumpre rejeitá-las; mas, se o agente vê-se compelido a seguir certas regras sob o influxo de determinadas causas psicossociais, não há como evitar isso proclamando que todas as regulamentações devem ser repelidas. Não é possível, além disso, saber que as regras seguidas por força da determinação dos fatores psicossociais são inadequadas sem que se disponha de um critério epistêmico de avaliação. O que prova que o anarquismo não tem como prescindir de uma metodologia, nos moldes propostos pela tradição, para legitimar suas teses.

Não faz sentido se colocar contra ou a favor de *fatores*, quando muito contra o tipo de efeito desencadeado por *certas* causas. Faz sentido ser contra os fatores historicamente contingentes que aprofundam as desigualdades entre as pessoas, mas não contra a *causação econômico-social* em geral. O anarquismo pode se perfilar contra todas as regras, contra todas as razões que têm sido propostas para justificar isso ou aquilo, sem, no entanto, poder apregoar que é contra todas as causas. Até porque não há como fazer oposição a (todos os) condicionantes tidos como sistêmicos. Como não há ação, científica ou não, descontextualizada, falar em vale-tudo é apenas uma maneira metafórica de defender a ideologia do *criativismo* decantado como meio de se chegar às mais originais fabricações intelectuais. Regras metodológicas podem ser perniciosamente restritivas e fatores externos podem promover condicionamentos limitadores. Por serem, ao contrário dos fatores externos, criticáveis, as regras metodológicas e as razões com base nas quais são defendidas podem ser *julgadas* como entraves ao pleno evolver do conhecimento. Já os fatores psicossociais são o que são. Novas atitudes não bastam para alterá-los; é necessário que a mente e a sociedade sofram transformações estruturais. É impraticável assumir uma postura iconoclasta em relação aos regramentos impostos por *fatores* extracognitivos. O anarquismo, ao perseguir o ideal inatingível da irrestrita liberdade de criação, desvencilha-se nominalmente das razões sem ter como reagir à determinação dos fatores.

Promover a indistinção entre os diversos tipos de saber é desconsiderar as singularidades. Mesmo porque é necessário saber quem o outro é e que características constroem sua identidade, para somente então poder levá-lo efetivamente em conta. As regras metodológicas podem até ser uma forma ardilosa de legitimar metadiscursivamente o poder social da ciência, mas não há como reduzi-las a isso. O *tipo* de regra normalmente proposto para a prática da ciência serve também para indicar com base em que *forma de vida* (intelectual) as interpretações da realidade estão sendo estruturadas. A atitude existencial que se propõe a seguir o tipo de regra tradicionalmente caracterizado como metodológico se vincula a uma forma de vida; a que se pauta por endossar regras religiosas se associa a uma outra forma de vida. É preciso poder marcar diferenças, sempre tendo presente que ao *seguir* certas *regras* alguém está inelutavelmente deixando de lado formas alternativas de comportamento. A questão relativa a por que um tipo de racionalidade é *acatado* envolve elucidar as razões epistêmicas e os mecanismos institucionais responsáveis por isso. Ninguém pode em sã consciência apregoar que não há, de um ponto de vista epistemológico, diferenças entre uma proposição teológica criacionista e outra evolucionista. Por mais que a teoria darwinista gere controvérsias quanto à sua cientificidade, o modo pelo qual ela tenta se legitimar se enquadra nos marcos de referência da ciência, e não nos da religião.

Em momentos importantes de sua argumentação, Feyerabend recorre à noção de *forma de vida*. Wittgenstein faz nas *Investigações filosóficas* a seguinte observação: "Eis por que 'seguir uma regra' é uma prática. E alguém *pensar* que está seguindo a regra não é seguir a regra. Daí não ser possível seguir a regra 'privadamente'; do contrário, alguém pensar que está seguindo a regra seria o mesmo que seguir a regra." Feyerabend chega a afirmar que certas atividades intelectuais têm muito de sua inteligibilidade definida pela *forma de vida* a que estão presas, que por mais que sejam cognitivamente defeituosas constituem modos de se dar sentido à circunstância física e social na qual se está inserido. Mas deixa de levar em consideração o fato de que uma forma de vida permanece incompreensível se não for associada ao complexo processo de seguir regras. É a identificação dos diferentes tipos de regras seguidos que vai elucidar os componentes estruturais da singularidade de uma forma de vida. Daí Winch observar, em *A idéia de uma ciência social*, que "a análise do comportamento significativo deve atribuir papel decisivo à noção de regra; afinal, todo comportamento significativo é *ipso facto* regido por regra". O anarquismo, ao declarar-se contra todas as regras, está não só anulando as diferenças de *significatividade* entre os diversos estilos cognitivos, como também tornando incompreensível a atividade intelectual chamada ciência.

O conflito de interpretações: pluralismo ou ceticismo?

Se não existem procedimentos que permitem objetivamente estabelecer qualidades e defeitos explicativos, uma saída é propor a permanente e insuperável emulação entre os diferentes. E se as teorias, as afastadas e a abraçada, não esgotam o conjunto das possibilidades interpretativas elaboráveis sobre o que se investiga, passa a ser fundamental estimular a constante introdução de novidades explicativas. O princípio da proliferação, segundo o qual as teorias científicas necessitam enfrentar fatos identificados por alteridades para que se possa alargar e aprofundar sua testagem, privilegia a busca do intercâmbio entre diferentes teorias pertencentes a um mesmo domínio e entre teorias elaboradas em diferentes campos do saber (por exemplo, o científico e o metafísico). O destaque dado às alteridades leva Feyerabend a advogar que a ciência, para melhor se desenvolver e melhor ser compreendida, precisa estar funcionalmente integrada a outros saberes e à história em geral.

Em termos cognitivos, não fica claro o que se perde quando se dota a ciência com uma lógica própria e o que se ganha tornando-a parte da história. Fica faltando especificar em que contribui objetivamente para o avanço do conhecimento vincular, por exemplo, a física à metafísica e a biologia à teologia, e praticar a ciência como uma atividade intelectual sem diferencial importante em relação aos outros campos do saber, como simples peça da engrenagem da história. Acompanhar a *história de um problema*, os diferentes enfoques propostos ao longo do tempo, ajuda a compreender o evolver de uma área específica da pesquisa. Já a subordinação da racionalidade científica à história social equivale a negar a existência de uma lógica interna em condições de explicar *com base em que* se aceitam ou se recusam as teorias em ciência. Mas, se os processos históricos gerais determinam os rumos da pesquisa científica, que serventia há em propor a interação dinâmica entre os diferentes campos do saber com o objetivo de acelerar o progresso do conhecimento?

A ciência pode absorver conteúdos oriundos de alteridades para, de modo frustrante, chegar a uma mistura eclética. Ou pode, por meio de processos de ressignificação, se apropriar de idéias geradas fora de suas fronteiras. Está longe de ter sido demonstrado que o permanente intercâmbio crítico entre diferentes desemboca em avanços cognitivos. É grande o risco da contraposição estéril ou do confronto paralisante. Tornar incomunicantes a ciência e suas alteridades pode ser prejudicial ao desenvolvimento de cada uma, mas nada se ganha juntando tudo sem se promover a efetiva integração entre os diferentes. Sem falar que os jogos entre identidade e diferença podem ocultar abordagens reducionistas.

Misturar a história das *condições de validação* de resultados com a história dos *fatores sociais, políticos e econômicos* que tornam institucionalmente possíveis as práticas de pesquisa serve apenas para negar que a ciência possua uma racionalidade autônoma. Do fato de que a ciência é uma instituição, é parte de processos sociais, não decorre que as decisões intelectuais que são tomadas em seu interior sejam determinadas por fatores extracognitivos. As condições sociais explicam o surgimento de certas constelações de idéias sem que sua racionalidade seja epifenômeno do sistema social. Se a atitude que confere à ciência uma *lógica interna* acaba por conceder-lhe um poder político exorbitante, não é negando artificialmente que tenha uma racionalidade autônoma que se vai limitar esse poder. Se a lógica interna é uma invenção política, isso precisa ser provado. E para tanto é preciso recorrer a algum método. Em tese, o poder derivado de uma autêntica lógica interna nada tem de discricionário e ilegítimo.

O arrazoado produzido pelo anarquismo com o objetivo de retirar os privilégios intelectuais e sociais que têm sido concedidos à ciência se revela falho. Apregoar que não se deve formular nem seguir regras corresponde, quando muito, a declarar que não se deve formular ou seguir as do tipo até hoje proposto. Mesmo porque não há como rechaçar as ainda não formuladas como inócuas, autoritárias ou falhas, sem incorrer na falácia da distribuição ilícita. Do fato de ter fracassado o projeto de erigir as regras em dispositivos universais de justificação do conhecimento, disso não se segue que toda metodologia está fadada a produzir esbulho e autoritarismo.

O curioso é que o anarquismo sub-repticiamente se compromete com o "universalismo metodológico" — o que não tem âmbito de validade irrestrita não é digno de credibilidade — que tanto condena ao supor que sua derrocada representa a inviabilização da metodologia enquanto tal: o que não é universalmente meritório não tem mérito algum. A constatação de que inexistem regras com validade irrestrita não permite inferir que não pode haver regra útil ou confiável. Afinal, quando estatui que o único princípio que não inibe o progresso é o vale-tudo — "que pode ser defendido em todas as circunstâncias e em todos os estágios do desenvolvimento humano" —, fica claro que a ambição do anarquismo é enunciar um princípio universal, por mais que este tenha mais teor político que epistemológico. E ao proclamar que o anarquismo é "o único princípio que não inibe o progresso", Feyerabend lhe está conferindo também um valor instrumental: "O anarquismo favorece a concretização do progresso em qualquer dos sentidos que a ele se decida emprestar."

Feyerabend vê como negativa a pretensão da razão em geral de legislar sobre o comportamento intelectual: "Nossas chances de progresso *podem* ser obstruídas pelo desejo de sermos racionais." Só que não é possível proclamar a derrocada da razão sem, de alguma forma, conhecê-la por meio de uma metarrazão. Para criticar a razão *qua tale* é necessário recorrer a algo mais forte que ela ou render-se ao ceticismo. E, caso as deficiências da razão sejam identificadas, nada impede em princípio seu aprimoramento; ou que seja praticada levando-se em consideração suas limitações. Não deixa de ser aporético resgatar o "irracional" como a única forma de *radicalizar* a razão, de evitar que se torne refém de uma perspectiva, que seja praticada apenas em sua versão instrumental.

É paradoxal enaltecer a desrazão quando se sabe que é necessário recorrer à razão até para defender algo com ela incompatível. Tanto os que invocam a razão quanto os que a atacam se apegam a uma de suas versões; tomam como universal o que não é. Se a razão é vista como obstáculo ao progresso, então é imperioso definir razão e progresso de forma clara e distinta para que a crítica se justifique. O problema é que, em *Contra o método*, Feyerabend faz muitas observações vagas do seguinte tipo: "Sem 'caos' não há conhecimento; sem um freqüente afastamento da razão não há progresso." A ciência, por essa ótica, não se afirmou expurgando *ídolos* como pretendia Bacon: "Idéias que hoje constituem a base da ciência só existem porque houve coisas como o preconceito, a vaidade, a paixão; porque essas coisas se opuseram à razão e porque *foi* permitido que tivessem livre curso."

A tese feyerabendiana de que "mesmo no âmbito da ciência não se pode e não se deve permitir que a razão a tudo abarque" é abstrusa; e mais ainda a de que "deve, freqüentes vezes, ser controlada ou eliminada em prol de outras faculdades". Por não formular uma noção unívoca de progresso, Feyerabend pode, por meio de um ou outro exemplo, supor demonstrado que o vale-tudo favorece o avanço do conhecimento. Só que a transgressão não é condição de possibilidade para o progresso. E não há base para pensar, à luz da história da ciência, que o anarquismo tem mais condições de promover o progresso que o endosso do *ethos* da ciência proposto por Merton. O radicalismo expresso em *Contra o método* deixa a impressão de que o objetivo é *épater le bourgeois* com declarações bombásticas do seguinte tipo: "A ignorância, a teimosia, a aceitação de preconceitos e a mentira não só não impedem o avanço do conhecimento como contribuem para que ocorra; as tradicionais virtudes da precisão, da consistência, da 'honestidade', do respeito aos fatos ..., se praticadas com determinação, podem levar o conhecimento à estagnação." Mesmo a proposta intelectual que se pretende desestruturadora da ordem forma atitudes e condutas que gerarão uma nova ordem. E, se aceita, afasta alternativas. Endossado o anarquismo, muitas serão as propostas de método abandonadas.

No fundo, o anarquismo, ao igualar todas as legislações, impede a tomada de decisão apoiada em boas razões: se vale tudo é porque nenhuma norma vale mais que qualquer de suas alternativas. Esse tipo de pregação não produz impacto significativo sobre as ciências naturais nas quais a pesquisa é conduzida com base em procedimentos rígidos. Nas ciências humanas e sociais tantas e tão variadas são as metodologias que não há como entronizar uma delas. Nelas subsistem a diversidade explicativa e a proliferação metodológica, e não o jugo do método. O que se observa é que a multiplicidade interpretativa não promove a tão desejada complementaridade crítica entre suas teorias. Quando há grande oferta explicativa diminui, contrariando o esperado, a troca entre os sistemas teóricos.

O anarquismo não aceita hierarquizar os saberes em termos de credibilidade epistêmica por estar convencido de que isso só pode ser feito privilegiando a ciência. Só que não adianta fingir que não há diferenças entre eles decretando sua perfeita igualdade. Configura atitude astuciosa evitar assumir o ônus de fazer escolhas entre sistemas antagônicos de explicações — por exemplo, entre a homeopatia e a alopatia — proclamando que todos merecem o mesmo respeito metodológico. Como o anarquismo supõe que a busca de conhecimento envolve a permanente e insuperável contraposição de óticas, a preferência por uma delas não tem justificativa. A inconclusividade da diuturna *contraposição* de explicações resulta de até o que desponta como melhor neste momento estar sempre sujeito a ser abalroado por fatos identificáveis por meio de uma visão alternativa que ainda não foi criada ou que ainda não foi levada em consideração. O indefinido jogo de identidade e diferença leva à indecidibilidade epistêmica. Além do mais, a incomensurabilidade impede que os diferentes sejam julgados à luz de um critério aceito por todos. Sem parâmetros de comparação lingüístico-epistêmica, os diferentes se contrapõem sem que os feitos e defeitos de cada um possam ser objetivamente aferidos.

As teses do anarquismo ora são apresentadas como decorrendo da história da ciência, ora como *imprescindíveis* ao progresso da ciência. De que forma episódios da história da ciência, idiográficos por natureza, podem dar respaldo a regras, contra-regras ou anti-regras que postulam, ao menos sub-repticiamente, universalidade? Propor não seguir regra alguma é também estatuir uma regra que ergue pretensões de universalidade. O risco de o regramento se revelar dogmático não diminui pelo caráter positivo ou negativo do que se estipula. A ênfase excessiva que se concede aos fatos históricos na avaliação crítica das metodologias deixa a impressão de que as objeções dirigidas às metodologias que crêem em fatos naturais puros são esquecidas quando se invocam fatos históricos. Conferir aos fatos históricos o poder de avaliar teorias do método é assumir um indutivismo tácito, de segunda ordem; o inaceitável é isso ser feito por epistemólogos que rechaçam a inferência indutiva no plano do discurso substantivo. Há no anarquismo uma tendência a induzir *negativamente*: se as regras experimentadas não funcionaram em tal ou qual situação exemplar, todas as regras que vierem a ser propostas também falharão; se foi fecunda a violação de regras tidas como vitais, logo a ciência deve ser praticada à margem de qualquer método.

Justifica-se recorrer à história da ciência em busca de contra-exemplos que derrubem algumas das regras de ouro da metodologia tradicional. Nos momentos em que ocorrem as grandes transformações na ciência, a maioria das regras pode até despontar como improdutiva. Mas até que ponto é a ciência melhor representada pelos momentos em que se verifica a substituição de um paradigma por outro? Os períodos dedicados à testagem reiterativa de uma teoria também expressam, como bem salienta Kuhn em *A estrutura das revoluções científicas*, de forma ainda mais nítida a natureza do trabalho científico. Os procedimentos rigidamente aplicados na *normal science*, nas rotinas da pesquisa, mostram o quanto é importante extrair frutos do já sabido.

O "seguir uma regra" não torna desarrazoado fazer o contrário do que prescreve a regra. Daí ser trivial a afirmação de Feyerabend, em *Contra o método*, de que "dada uma regra qualquer, por mais 'fundamental' ou 'racional', há sempre circunstâncias em que é aconselhável não apenas ignorá-la mas adotar a regra oposta". A possibilidade de desconsiderar a regra, de fazer o contrário do que prescreve, está prevista pelo uso não-dogmático da regra. O *uso* de uma regra pode levar à sua petrificação ou a dar origem a outras melhores. Não procede a alegação de que a conquista de um progresso maior e melhor só é alcançável abandonando-se o fardo do método. Se a imposição de regras pode ser autoritária, não ter regra nenhuma pode acabar ensejando o jugo de uma autoridade cujo poder se legitima sem qualquer relação com a cognitividade.

Caso não existam regras confiáveis para a obtenção e justificação de teorias científicas, o que pode acabar acontecendo é a produção intelectual ficar submetida ao controle dos *fatores* extracognitivos. A propaganda e a coerção passam a ocupar o lugar da consistência interna e da concordância com os fatos. Vácuo de poder intelectual dá azo à ocupação política. Sublinhando que a utilidade de um argumento reside em influenciar as pessoas, Feyerabend sustenta, ainda em *Contra o método*, que "até o mais puritano dos racionalistas vê-se forçado a deixar de usar a razão para recorrer à *propaganda* e à *coerção*, não porque algumas de suas razões tenham deixado de ser válidas, mas porque desapareceram as condições psicológicas que as tornavam eficazes e capazes de influenciar as pessoas". E em consonância com o behaviorismo arremata: "a 'voz da razão' a que alguém dá ouvidos é apenas o efeito causal tardio do treinamento que recebeu; o apelo à razão, diante do qual tão prontamente se sucumbe, nada mais é que *manobra política*."

Não há como descobrir e desmontar as ciladas da manipulação sem contar com a velha razão. Não dá para desmascarar uma tese como inválida, como ideológica, sem que se saiba o que confere validade e o que faz de uma crença conhecimento. Caso a ciência, a metafísica, a astrologia, a alquimia, a religião etc. sejam colocadas no mesmo plano metodológico, não é realista esperar que uma desponte como crítica da outra. Mesmo porque os resultados que alcançam derivam dos diferentes "métodos" que aplicam. A segregação entre os saberes pode até impedir que um fecunde o outro, mas a indistinção é estéril em razão de não se ter como propor modos profícuos de intercâmbio cognitivo entre estilos interpretativos cujas respectivas identidades epistêmicas não estão bem definidas.

Com base na rejeição da distinção entre contexto da descoberta e contexto da justificação, o anarquismo se recusa a conferir privilégios epistêmicos à ciência. Como considera todos os saberes reféns de fatores extracognitivos, em nenhum supõe vigorar o império das *razões*. Feyerabend assinala em *Contra o método* que na história da ciência os padrões de justificação lógico-empírica vetam com freqüência formas de pensar e agir geradas "externamente" por condições psicoculturais e fatores sociais, políticos e econômicos. Em sua opinião, a ciência só sobrevive porque permite que essas forças externas prevaleçam. O que o anarquismo não consegue demonstrar é de que forma a identificação das origens históricas, do quadro político e das condições socioeconômicas pode objetivamente contribuir para elucidar como se dá a aceitação ou a rejeição de teorias científicas.

A argumentação mais técnica do anarquismo propõe que se recorra a hipóteses que contradizem teorias confirmadas e/ou resultados experimentais bem estabelecidos. Ele tenta justificar tal proposta heterodoxa alegando que é possível fazer avançar a ciência procedendo contra-indutivamente. Tal posição colide frontalmente com o que tem apregoado as metodologias "conservadoras": o êxito das teorias deve ser aferido pelos fatos, pela avaliação experimental, de tal modo que a concordância entre a teoria e os dados a respalde e a discordância leve à sua eliminação. Ora, as deficiências de fundamentação ostentadas pelo verificacionismo e pelo falsificacionismo não conduzem inevitavelmente ao anarquismo. Se ficar comprovado que em certas circunstâncias revela-se produtivo desenvolver hipóteses que não se ajustam a teorias confirmadas e hipóteses em discrepância com fatos bem estabelecidos, isso torna obrigatório rever a base de sustentação do discurso metodológico tradicional. Mas isso não justifica, como pretende o anarquismo, tentar universalizar os procedimentos contraindutivos. Contraprocedimentos também demandam justificação. A simples oposição à tradição não produz a mágica da boa fundamentação.

A defesa isolada da contra-regra é tão problemática quanto a regra, uma vez que regulamentar o "contraprocedimento" pode ser tão limitador quanto sacralizar a regra clássica. A defesa que o anarquismo faz da contra-indução, considerando-a um *fato* e uma *necessidade*, é incompatível com o ceticismo metodológico que o leva a rejeitar toda e qualquer tentativa no sentido de se legitimar a universalidade de toda e qualquer regra. Feyerabend tenta, em *Contra o método*, se desvencilhar da dificuldade de não ter como atacar a razão sem a ela recorrer por meio de comparação pouco feliz: "Um anarquista é como um agente secreto que participa do jogo da razão para solapar a autoridade da razão (verdade, honestidade, justiça e assim por diante)." Essa estranha metáfora mascara o fato de que as deficiências ostentadas pelos sistemas metodológicos tradicionais só podem ser superadas pela confecção de sistemas superiores. Não há como participar do jogo da razão apenas para miná-la, já que até para solapá-la é preciso fazer bom uso dela. Se o objetivo é propor outro jogo com a razão, trata-se de um outro jogo estruturado com base em outras *razões*, mas que jamais pode se colocar à margem das razões.

Tudo é interpretação, que é interpretação, que é...

O fato de as predisposições e as expectativas levarem o pesquisador, em suas observações, a dar prioridade a determinadas coisas em detrimento de outras mostra que a ação de investigação sofre condicionamentos. O cientista consagrado que ordena aos iniciantes "Observem!" não consegue orientá-los. E a repetição monocórdia da ordem acaba por desencadear a pergunta: "O quê?". Em virtude de "observar" ser um ato diferente de "olhar" ou "contemplar", o campo de observações só pode ser delimitado à luz de uma teoria, de um esquema valorativo ou do conhecimento já disponível. Quem observa algo tem como pressuposto a expectativa da possibilidade de identificar a manifestação de certos tipos de fenômeno. Não se consegue fazer uma observação científica que não seja modelada por ingredientes teóricos ou desvinculada da hipótese que lhe confere destaque.

À luz da tradição epistemológica, a avaliação do trabalho científico se dá pelo confronto de um ponto de vista aceito com o maior número possível de fatos, de tal modo que a única razão capaz de determinar o abandono de uma teoria é seu conflito com a experiência. Sendo assim, são bem definidas as regras que estipulam quando se deve acolher ou afastar uma teoria. A tese de que não há fatos que possam ser identificados e descritos fora de um esquema teórico reconstrutivo torna bem mais complexo o processo de aceitação ou rejeição de explicações. Se as teorias têm realmente o poder de moldar os fatos, e são por eles apenas subdeterminadas, deixa de se justificar a postulação de um domínio observacional autônomo capaz de promover um processo de estrita avaliação empírica dos sistemas explicativos. O anarquismo tira proveito da tese crescentemente aceita de que é ilusória a independência epistemológica dos fatos com relação às teorias.

Se não há como determinar que teoria é a (mais) verdadeira, como escolher a melhor entre as competidoras? Lançando mão de critério extracognitivo ou defendendo um interminável e insuperável embate crítico entre alteridades? O anarquismo supõe que entre teorias separadas por uma revolução subsiste uma insuperável incomensurabilidade — um diálogo de surdos. Como entre a teoria suplantada e a nova (adotada) se abre um abismo, não há como determinar qual a melhor e se houve ou não progresso. Com isso, a diversidade explicativa se mantém como um estado insuperável do processo de produção de conhecimento. Em vez de ser elucidada com base em princípios epistêmicos universais de avaliação, dedicados a estabelecer os (de)méritos das teorias rivais, a mudança científica passa a ser encarada como fruto, em boa medida, de determinantes sociais — de estilos de pensar socialmente construídos e de jogos de interesse político-econômicos.

Em oposição à tradição empirista clássica — segundo a qual à observação incumbiria *formar* e *validar* teorias —, o anarquismo se recusa a aceitar qualquer proposta de diferenciação entre componentes observacionais e teóricos no processo de produção de conhecimento. Feyerabend sustenta em "Ciência sem experiência" que a distinção entre termos teóricos e observacionais está definitivamente perdida. Indo além de Hume — as teorias não têm como resultar do acompanhamento dos fatos —, o anarquismo defende o teorismo, a insuperabilidade da dimensão interpretativa: o fundamental é antes comparar idéias com outras idéias do que com a experiência. E como nenhuma verdade pode ser conquistada, as concepções que forem vencidas no confronto não devem ser afastadas, e sim aperfeiçoadas para que continuem participando do jogo do conhecimento.

Com Comte entra em cena a tese de que fatos são veiculados por uma teoria. Dela se passou para a de que fatos estão impregnados de teoria. O anarquismo as considera insuficientes por entender que ambas ainda separam o veículo do veiculado. A teoria não apenas exprime ou impregna os fatos — constitui-os. Se sem teoria não há fatos, isso significa que o empírico deriva do especulativo. Novas teorias trazem novos fatos ou promovem a completa reinterpretação do material (observacional) antigo. Sem falar que confrontar uma teoria com os fatos que ela identifica não constitui nenhuma forma de testagem, equivale apenas a um modo infecundo de auto-avaliação, já que *esses* fatos são os fatos *dessa* teoria. Daí a defesa da proliferação como um mecanismo de aferição que, ao promover o contraste de óticas, supera o círculo vicioso que se cria entre uma teoria e a evidência empírica que ela recolhe.

A metafísica e a literatura, por exemplo, podem ser vistas como produtoras de teorizações apenas vagamente constrangidas por evidências empíricas. Nas atividades intelectuais em que prevalece a livre interpretação, a experiência não desempenha a função de árbitro da qualidade explicativa. A visão empirista de que todo conhecimento autêntico provém da experiência foi abalada com a constatação de que a realização da mais simples observação envolve o emprego de uma teoria: a mera *descrição* do que vemos é um ato teórico. E como para o anarquismo não existe a possibilidade de se invocarem fatos que não sejam teoricamente identificados, não há como proporcionar veredictos epistêmicos sobre as teorizações à luz da experiência. Disso se segue que mesmo quando se atrela à teoria a *empeiria* está se desenvolvendo um trabalho eminentemente interpretativo.

A evidência provida pela história da ciência indica que uma teoria jamais está em concordância com todos os fatos conhecidos em seu domínio. A exigência de só admitir teorias consistentes com a evidência empírica pertinente acabaria por deixar o pesquisador sem teoria alguma. Disso não se segue que tudo seja o tempo todo apenas teorização. A pretensa inseparabilidade entre o teórico e o observacional não fala necessariamente a favor do anarquismo. Mas se, no fundo, tudo é construção teórica, as regras do método tradicionais, predominantemente empiristas, precisam ser reformuladas. Se o material empírico, *per se*, é destituído de significado epistêmico, então ele perde o poder de arbitrar qualquer conflito de interpretações que surja entre teorias. Esse tipo de visão representa a total inversão das teses verificacionistas. Antes o material empírico, ao menos potencial, era encarado pelo empirismo lógico como capaz de proporcionar a fonte primária de significação, sem a qual não haveria conhecimento possível. Agora esse material é visto como destituído de valor expressivo-epistêmico próprio, uma vez que sua força informativa é função de uma ótica teórica reconstrutiva. Tal inversão encontra no relativismo lingüístico — *à* Sapir/Whorf — um aliado decisivo: as línguas não são meros aparatos expressivos de descrição da realidade, elas possuem *gramáticas* que embutem mundividências (teorias da realidade) modeladoras dos modos de dizer e, por extensão, dos modos de ser.

Muito contribui para a defesa do vale-tudo a tese de que, sendo toda teorização construção vagamente atrelada ao material empírico, não há como arbitrar diferenças interpretativas recorrendo a um *background* observacional neutro e compartilhado. Sendo a construção um ato de criação explicativa historicamente contextualizado, e não decalque da experiência, segue-se que o ideal a perseguir é o do confronto entre perspectivas as mais diversas, e não mais o modelo tradicional de testagem em que uma teoria é avaliada à luz de fatos pertinentes. Sendo a teoria subdeterminada pelos fatos, os resultados observacionais admitem diferentes interpretações. Invertendo o empirismo, que estabelece que os enunciados teóricos não têm em si mesmos significado, adquirindo-o por seus laços lógicos com os enunciados observacionais, o anarquismo advoga que o significado vem das idéias. Se o ponto de vista cria o objeto, multiplicar as óticas enseja o surgimento de vários objetos (do conhecimento). Como se vê, o anarquismo é levado a recorrer a teses de extração idealista ou socioconstrutivista para tentar dar plausibilidade a suas teses.

Todas as teorias são iguais perante a realidade

Ao se acreditar que as teorias só especificam fatos compatíveis com seus pressupostos interpretativos (lingüísticos /epistemológicos /ontológicos /axiológicos), cria-se uma cumplicidade entre a dimensão teórica e a factual. Para Feyerabend, só há uma forma de acabar com a circularidade: confeccionando o maior número possível de teorizações. A multiplicação de óticas vai ensejar a ampliação do universo de fatos testadores da teoria-protagonista. A importância do princípio da proliferação resulta de certos fatos refutadores só poderem ser metodologicamente identificados a partir da elaboração de alteridades explicativas. Em "Como ser um bom empirista", Feyerabend sustenta que é comum a evidência que refuta uma teoria só poder ser obtida recorrendo-se a teorias alternativas. Isto quer dizer que a testagem de uma teoria só será abrangente e severa se passar pelo crivo de fatos identificados à luz de outras teorias.

Sob o prisma velho *empirismo*, uma teoria altamente confirmada deve ser conservada; só cabe abandoná-la caso seja refutada pela identificação de contra-exemplo. Sendo assim, a ciência não precisa dedicar-se à confecção de teorias mutuamente incompatíveis nem levar em consideração o que é feito fora de suas fronteiras. O pluralismo teórico é defendido com base na argumentação de que fatos não notados anteriormente podem ser detectados com a ajuda de alteridades e estas também podem fazer com que fatos reputados triviais ou irrelevantes subitamente adquiram relevância. Dada uma teoria T, chamemo-la protagonista, especificadora de um domínio factual F. A geração de alteridades a T pode aprofundar o processo de testagem de T na medida em que possibilita a identificação de novos fatos, não detectáveis a partir apenas de T, avaliadores de T. O princípio da proliferação é proposto para lidar com algumas das dificuldades suscitadas pela tese de que não há como distinguir minimamente linguagem teórica de linguagem observacional e pela constatação de que determinados fatos só podem ser desvelados com a ajuda de alternativas à teoria sob exame.

A proliferação é destacada por se acreditar que potencialmente existem fatos que só podem ser identificados por recurso a alteridades à teoria proposta. O pluralismo teórico esposa a tese de que o cientista que deseja ampliar ao máximo o conteúdo empírico da concepção que sustenta deve, mesmo quando ela parece refletir fidedignamente os fatos, introduzir diferentes (novas) visões sobre o *mesmo*. Isso porque a adequação factual de uma teoria só pode ser estabelecida, com ressalvas e sob condições, depois de confrontada com alternativas cuja *invenção* e desenvolvimento detalhado devem preceder qualquer afirmação final sobre seu sucesso prático e seu valor explicativo. Invertendo a concepção verificacionista de cientificidade, o princípio da proliferação confere importância às idéias metafísicas no processo de testagem do conhecimento científico — cumprem, como mundividências, o papel de alteridades. Por caracterizar os sistemas metafísicos como teorias científicas em seu mais primitivo estágio, Feyerabend é de opinião que o especulativo pode se constituir em fonte de críticas ao que é altamente confirmado: "Sistemas metafísicos que contradizem resultados observacionais ou teorias bem confirmadas são pontos de partida que devem ser acolhidos para que o exercício da crítica se torne possível."

Por mais que se aceite que o princípio da proliferação é indispensável, não se deve perder de vista o quanto é difícil caracterizar uma teorização como alteridade. Pode-se supor que se está diante de um profícuo embate entre alternativas quando se está apenas diante de uma mera fileira de perspectivas interpretativas que só conseguem entabular formas primárias de intercâmbio crítico. Como escolher criteriosamente entre teorias, por exemplo T^1 e T^2 se para T^1 se consegue forjar alteridades supridoras de fatos que a refutam e para T^2 não se é capaz de produzir alternativas?

Há sempre o risco de o jogo entre *mesmo* e *outro* resvalar para alguma forma de reducionismo ou de improfícua justaposição. Para que o jogo das alteridades não se desenrole sem resultados promissores é fundamental poder dispor de critérios que hierarquizem as respectivas capacidades explicativas. Deixar que os diferentes coexistam sem definir claramente o que cada um é, qual sua área de competência, pode dar origem a uma vaga troca de idéias, mas não a uma forma de conhecimento. A simples existência de diferentes pontos de vista não propicia um diálogo efetivo. Para que uma organização teórica seja *de facto* uma alteridade e se mostre capaz de mais do que suprir fatos (refutadores) circunstanciais relevantes para a avaliação da teoria-protagonista, é necessário apreender como o *diferente* reúne condições de contribuir para esse tipo de empreendimento de complementaridade crítica.

O repúdio feyerabendiano à formulação de critérios de cientificidade /demarcação é assim expresso em *Contra o método*: "Há mitos, há dogmas de teologia, há metafísica e há muitas outras maneiras de elaborar uma cosmovisão; e uma conveniente interação entre a ciência e essas cosmovisões 'não-científicas' necessitará do anarquismo ainda mais que a própria ciência." E conclui: "O anarquismo não é apenas possível, porém necessário, tanto para o progresso interno da ciência quanto para o desenvolvimento de nossa cultura como um todo." Cada modo específico de abordar a realidade é apresentado como capaz de ensejar uma ampliação enriquecedora do horizonte interpretativo. Mas Feyerabend no fundo adota uma demarcação tácita entre os saberes quando defende que se respeite a *desrazão*: "Existindo a ciência, a razão não pode reinar universalmente, nem a desrazão pode ver-se excluída ... a compreensão de que o debate entre ciência e mito se encerrou sem vitória para qualquer dos lados empresta maior força ao anarquismo."

Uma das maneiras de se deixar de atribuir superioridade explicativa à ciência é propor o *interpretativismo* — a realidade respalda igualmente os diferentes tipos de teoria que sobre ela são elaboráveis. Por detrás das tentativas de identificação dos traços distintivos da racionalidade científica haveria um projeto de marginalizar discursos alternativos ao da ciência. As discrepâncias fundamentais entre ciência e mito devem, segundo o anarquismo, ser creditadas aos distintos propósitos que acalentam, e não a se valerem de métodos diferentes, já que ambos procuram alcançar um único e mesmo fim "racional". Feyerabend chega a afirmar que "as semelhanças entre ciência e mito são de espantar". Ora, mesmo que se tenha boa vontade para identificar possíveis semelhanças, as diferenças saltam aos olhos e não podem, sem reducionismo, ser atribuídas aos jogos de disputa do poder intelectual. Até o poderio instrumental da ciência tem uma base racional, não cabendo vê-lo como subproduto do sistema econômico.

Quando a filosofia surgiu, contrapondo-se ao mito, passou a ser fundamental saber o que a diferenciava, como proposta de explicação da realidade, do mito e da religião. Por não ter a filosofia eficácia instrumental, a busca de um critério de "filosoficidade" não foi vista como busca de hegemonia intelectual. Destacar o método científico como expressão maior da racionalidade até pode contribuir para aguçar as diferenças de poder social entre as diferentes modalidades de saber. Mas deixar de invocá-lo não fará com que as diferenças intelectuais e políticas entre elas se desvaneçam. Se não se justifica caracterizar como autêntico apenas o sistema explicativo com vocação praxiológica, isso não significa que todos os estilos de pensar mereçam o mesmo tipo de credibilidade. Negar à ciência o apanágio de único projeto genuinamente cognitivo não envolve abrir mão de diferenciá-la, por exemplo, da metafísica. O anarquismo não se limita a defender uma estrita igualdade epistêmica entre as diferentes modalidades de saber. Como observa Tibbets, em "O *Contra o método* de Feyerabend", "os mitos dos povos primitivos, em vez de serem vistos como superstições e projeções ignorantes, despontam ... como profundos *insights* sobre a natureza das coisas, superiores aos confeccionados pela ciência moderna: a ciência e a razão, e não o mito, é que permanecem na mera superfície da realidade". A defesa epistêmica do mito só se torna plausível se ele for visto como devotado à atividade de *dar sentido*. Por lidar com os problemas da vida, o mito pode até ser considerado mais importante que a ciência. Só que esse tipo de avaliação não se situa no plano cognitivo, e sim no valorativo.

Se as diferenças entre ciência e mito se traduzem no abismo entre explicação empírica e fantasia interpretativa, se não subsiste descontinuidade entre os produtos justificados pela razão e os revelados pela religião, torna-se desnecessária qualquer preocupação com o método. Tudo se reduz a um jogo contrapositivo de teorias as mais variadas. Se "a ciência é uma das muitas formas de pensamento desenvolvidas pelo homem, e não necessariamente a melhor", o que a diferencia, na opinião de Feyerabend, é o fato "de ser ruidosa e impudente" já que só é inerentemente superior aos olhos dos que esposam a ideologia cientificista. Se não existe *o* método científico, vários são os caminhos que levam à boa pesquisa e podem ser trilhados dentro e fora da ciência. Na visão de Feyerabend, a ciência só reina soberana em virtude de seus praticantes serem incapazes de compreender e tolerar ideologias diferentes e de terem *força* para impor seus desejos. No vale-tudo argumentativo, o anarquismo não se constrange de recorrer a teses de tipo instrumentalista: "Caso desejemos compreender a natureza e dominar a circunstância física, devemos recorrer a todas as idéias, a todos os métodos e não apenas a reduzido número deles."

A utopia da perfeita e igualitária interação entre os saberes faz o anarquista negligenciar as dificuldades envolvidas em convencer, por exemplo, um físico entregue a estudos hiperespecializados a desenvolver, em benefício próprio, sua pesquisa em íntimo contato com formulações míticas. Por mais que o anarquismo encerre ingredientes libertários, e tenha o grande mérito de buscar a integração entre os saberes, seu substrato epistemológico é irracionalista. Sua defesa da desrazão é de tal maneira veemente que corre o risco de se tornar tão nefasta quanto a petrificação dogmática dos esquemas tradicionais de pensamento.

Além de ser difícil contornar as injunções da divisão social do trabalho intelectual, a livre troca entre os diferentes saberes corre o risco de degenerar em indesejável babelização da pesquisa. Conceder a mesma credibilidade metodológica a todas as modalidades de atividade intelectual não passa de populismo acadêmico sem nenhum impacto sobre o avanço do conhecimento. É questionável que mito e metafísica possam contribuir, tanto quanto a ciência, para a dominação da circunstância física quando sabemos que, pelo critério pragmático do sucesso preditivo, a ciência tem mais resultados a apresentar que qualquer dos outros tipos de saber contra os quais travou batalhas político-epistemológicas para poder firmar suas próprias técnicas de investigação. Em "Teoria e valor nas ciências sociais" Hesse assinala que na história das ciências naturais os juízos de valor foram sendo filtrados à medida que as teorias foram ensejando a crescente predição exitosa e, *eo ipso*, o controle das realidades estudadas.

Feyerabend exibe a ambivalência de apresentar o anarquismo tanto como defensor dos saberes com pouco ou nenhum poder quanto como capaz de aprimorar a compreensão da realidade e a capacidade de controlar a natureza. É louvável a luta contra a tendência a fetichizar a ciência, a erigi-la em absoluto da razão, contra a tentação a transformar uma eventual superioridade explicativa em menosprezo aos outros tipos de saber. Mito e metafísica têm poder sobre as consciências, mas não forjam teorias que transformam a realidade. A diferença gritante que existe entre a ciência e o mito tem um fundamento racional: deriva dos modos com que cada um tenta produzir e validar os resultados e conclusões alcançados. Soa exagerado preconizar que existe cognitividade em todos os domínios do saber. Se nisso acreditasse, a filosofia não teria introduzido uma forte descontinuidade em relação ao pensamento mítico, e nem a ciência moderna marcaria um pronunciado afastamento da metafísica especulativa. O fato de a ciência ter fundamentos metafísicos não significa que pouco ou nada a distingue da filosofia em termos de padrões cognitivos. Não se deve subestimar o fato de que os procedimentos — incompatíveis — de que se utilizam para elaborar suas explicações promovem um natural estranhamento entre os diferentes tipos de saber. No plano cosmológico, os mitos podem conter *insights* fabulosos, mas o modo como a eles chegaram não lhes confere a mesma credibilidade dos estudos realizados com o apoio de uma metodologia segura.

Por mais que a visão separatista — a ciência e os demais domínios do saber não interagem — esteja errada, disso não se segue que a integracionista — todos os saberes são iguais e dividem suas dúvidas e incertezas — consegue especificar as condições que tornam possível um fecundo jogo entre identidade e diferença. É difícil contrapor "idiossincrasias explicativas" sem gerar impasses ou sem cair em uma estéril justaposição de contrários. No complexo diálogo entre *distintos* tipos de saber, proclamar que tudo é diferença ou que tudo é igualdade é deixar de formular a questão de como lidar com suas divergências explícitas e como comparar suas pressuposições absolutas sem incorrer em reducionismo. A suposição de que tudo é igual a tudo, de que privilégios metodológicos são injustos e nocivos, desemboca em justaposição explicativa, e não em uma interação crítica dinâmica.

Para ser bem feita, a defesa do pluralismo precisa distinguir os casos em que o mito desponta como uma genuína alteridade daqueles em que é apenas uma forma de entendimento que pouco ou nada tem que ver com o tipo de explicação provido pela ciência. Constituir-se em alteridade não é ter a *aparência* de possuir uma identidade discrepante do mesmo; é necessário que se mostre capaz de gerar uma tessitura explicativa com pressupostos semântico-epistêmico-ontológicos capazes de formar a plataforma crítica dos pressupostos do *mesmo.* A história mostra que quando se deixa de estabelecer diferenciações entre os saberes recorre-se implicitamente ao critério do êxito prático. Concordamos com Gellner quando salienta, em "Além da verdade e da falsidade", que a maioria das pessoas, se solicitadas a dizer por que não é verdade que "vale tudo", invocaria uma consideração pragmática de suma importância: alguns estilos de pensamento levam a um controle eficaz sobre a natureza, ao passo que outros não.

É claro que desqualificar — como faz o critério da verificabilidade — o não-científico como desprovido de significado (cognitivo) só serve para reduzir a multiplicidade explicativa e permitir que se dispense tratamento emocional, retórico ou irracionalista aos problemas da vida. Pode-se, no entanto, distinguir a ciência das outras formas de saber sem absolutizá-la, tendo presente, entre outras coisas, que suas técnicas de pesquisa não se aplicam aos assuntos que mais afligem o ser humano. Por não serem passíveis de tratamento científico, os problemas da vida sempre restringirão o raio de atuação da ciência. Se nem tudo pode ser cientificamente estudado, não faz sentido conceder todo o poder cognitivo à ciência.

Para conferir a todos os saberes dignidade epistemológica não é necessário endossar a tese de que todas as teorias, independentemente do método que as cria e as avalia, são iguais perante a realidade. Basta constatar que os estudos calcados em procedimentos lógico-empíricos se aplicam a um conjunto reduzido de problemas. E que os problemas psicossociais, por se apresentarem pré-interpretados, demandam mais que simples constatações e generalizações. Exigem abrir diálogo com o que se investiga. E não será com total liberdade de interpretação que serão bem compreendidos. Não é com voluntarismo que se aumenta a liberdade do pesquisador. Mesmo porque suas teorias se reportam a realidades que, de uma ou de outra maneira, as constrangem. Genes e símbolos, por exemplo, são objetos de estudo; a diferença é que o homem cria os segundos e recebe os primeiros. Com as realidades com as quais pode entrar em intercâmbio comunicativo, o estudioso pode não ter como adotar enfoque objetivo. Mas, mesmo nesse caso, não se justifica apostar no vale-tudo. Mesmo porque o fato de algo ser obra humana não significa que qualquer interpretação lhe possa ser aplicada. Afinal, os problemas da vida são por demais importantes para que se justifique maltratá-los com qualquer resposta, com qualquer retórica, com qualquer método — ou sem nenhum método —, como se não pudessem ser objeto de conhecimento, mas apenas de interminável e inaproveitada polêmica.

Referências e fontes

Na epígrafe cito o livro de Hans Reichenbach, *The Rise of Scientific Philosophy* (Berkeley, University of California Press, 1954), e o de Robert Paul Wolff, *In Defence of Anarchism* (Berkeley, University of California Press, 1998).

p.8: É citado o livro de Wittgenstein, *Tractatus logico-philosophicus* (Londres, Routledge and Kegan Paul, 1933).

p.15: Reporto-me ao *Science and Relativism* (Chicago, The University of Chicago Press, 1990), de Larry Laudan.

p.17: Faço menção ao livro de Paul Feyerabend, *Against Method* (Londres, Verso, 2002 [Ed. bras.: *Contra o método*. Rio de Janeiro, Francisco Alves, 1977]).

p.21: Refiro-me ao texto de Imre Lakatos "Falsification and the Methodology of Scientific Research Programmes", publicado em obra por ele organizada junto com Alan Musgrave intitulada *Criticism and the Growth of Knowledge* (Cambridge, Cambridge University Press, 1970 [Ed. bras.: *A crítica e o desenvolvimento do conhecimento*. São Paulo, Cultrix, 1979]).

p.21-2: Cito o artigo de Thomas Kulka, "How Far Does Anything Go? Comments on Feyerabend's Epistemological Anarchism", publicado em *Philosophy of the Social Sciences* 7, 1977.

p.32: Refiro-me ao texto de Paul Feyerabend, "Consolations for the Specialist", publicado em *Criticism and the Growth of Knowledge*, obra já mencionada.

p.35: Cito o texto "Problems of Empiricism, Part II", publicado no livro *The Nature and Function of Scientific Theories* (Pittsburgh, University of Pittsburgh Press, 1970), organizado por R.G. Colodny.

p.40: Reporto-me à obra de Mario Bunge, *Racionalidad y Realismo* (Madri, Alianza, 1985).

p.41: Cito o livro de Peter Winch, *The Idea of a Social Science* (Londres, Routledge and Kegan Paul, 1976).

p.47: Faço menção ao livro de Ludwig Wittgenstein, *Philosophische Untersuchungen* (Frankfurt, Suhrkamp, 1984 [Ed. bras.: *Investigações filosóficas*, col. Os Pensadores, São Paulo, Abril Cultural, 1979]).

p.56: Cito o clássico de Thomas Kuhn, *The Structure of Scientific Revolutions* (Chicago, Chicago University Press, 1970 [Ed. bras.: *A estrutura das revoluções científicas*. São Paulo, Perspectiva, 1975]).

p.62: Faço referência ao texto "Science without Experience", de Paul Feyerabend, publicado no livro *Challenges to Empiricism*, organizado por H. Morick (Londres, Methuen, 1980).

p.65: Menciono o texto "How to Be a Good Empiricist?", de Paul Feyerabend, publicado no livro *The Philosophy of Science* (Oxford, Oxford University Press, 1971), organizado por P.H. Nidditch.

p.70: Referência ao artigo de Paul Tibbets, "Feyerabend's *Against Method*. The Case for Methodological Pluralism", publicado em *Philosophy of the Social Sciences* 7, 1977.

p.72: Faço menção ao artigo de Mary Hesse, "Theory and Value in the Social Sciences", publicado no livro *Action and Interpretation* (Cambridge, Cambridge University Press, 1978), organizado por Hookway & Pettit.

p.74: Cito o artigo de Ernest Gellner, "Além da verdade e da falsidade", veiculado em *Cadernos de História e Filosofia da Ciência* n.1 (1980).

Leituras recomendadas

Ao leitor que se interessar em estudar de forma verticalizada as várias facetas filosóficas do anarquismo de Feyerabend, sugiro a leitura das obras aqui citadas anteriormente e dos seguintes livros de sua autoria: *Science in a Free Society* (Londres, Verso, 1982) e *Farewell to Reason* (Londres, Verso, 1987). Ao que estiver mais interessado na argumentação técnica desenvolvida pela epistemologia feyerabendiana, indico as seguintes obras: *Realism, Rationalism & Scientific Method. Philosophical Papers*, vol. 1 (Cambridge, Cambridge University Press, 1981); *Problems of Empiricism. Philosophical Papers*, vol. 2 (Cambridge, Cambridge University Press, 1985); *Knowledge, Science and Relativism. Philosophical Papers*, vol. 3 (Cambridge, Cambridge University Press, 1999); e "Realism and Instrumentalism — Comments on the Logic of Factual Support", texto publicado na obra *The Critical Approach to Science and Philosophy* (Nova York, Free Press, 1964), organizada por Mario Bunge. Importante também é a obra, em co-autoria com Imre Lakatos, *For and Against Method* (Chicago, The University of Chicago Press, 1999), na qual são veiculadas conferências de Lakatos e a correspondência deste com Feyerabend.

Outro livro de Feyerabend que merece indicação é o *Three Dialogues on Knowledge* (Oxford, Basil Blackwell, 1991).

Sua obra autobiográfica *Matando o tempo* (São Paulo, Unesp, 1996) ajuda a entender como se formaram algumas das principais idéias esposadas por Feyerabend. Alguns livros sobre Feyerabend e o anarquismo que merecem indicação são: *Feyerabend, Philosophy, Science and Society* (Cambridge, Polity Press, 1997), de John Preston; *Beyond Reason. Essays on the Philosophy of Paul Feyerabend* (Dordrecht, Kluver, 1991), de G. Munévar; *Feyerabend's Critique of Foundationalism* (Aldershot, Gower House, 1989), de George Couvalis; e *Feyerabend Epistemologie: Anarchisme et Societé Libre* (Paris, PUF, 2001), de Emmanuel Malolo Dissaké.

Sobre o autor

Alberto Oliva é professor do Departamento de Filosofia da Universidade Federal do Rio de Janeiro (UFRJ), coordenador do Centro de Epistemologia e História da Ciência dessa mesma instituição e pesquisador do CNPq. Tradutor de várias obras de filosofia, é autor de diversos livros, incluindo *Entre o dogmatismo arrogante e o desespero cético: A negatividade como fundamento da visão de mundo liberal* (Instituto Liberal), *Conhecimento e liberdade: Individualismo x coletivismo* (Edipucrs, 2ª ed.), *Ciência e ideologia* (Edipucrs), *Ciência e sociedade: Do consenso à revolução* (Edipucrs) e *A solidão da cidadania* (Editora Senac), e co-autor de *Pré-socráticos. A invenção da filosofia* (Papirus). Nesta mesma coleção Passo-a-Passo tem publicado *Filosofia da ciência.*

Coleção **PASSO-A-PASSO**

Volumes recentes:

CIÊNCIAS SOCIAIS PASSO-A-PASSO

O negócio do social [40], Joana Angélica Barbosa Garcia

Origens da linguagem [41], Bruna Franchetto e Yonne Leite

Antropologia da criança [57], Clarice Cohn

Patrimônio histórico e cultural [66], Pedro Paulo Funari e Sandra de Cássia Araújo Pelegrini

Antropologia e imagem [68], Andréa Barbosa e Edgar T. da Cunha

Antropologia da política [79], Karina Kuschnir

Sociabilidade urbana [80], Heitor Frúgoli Jr.

Pesquisando em arquivos [82], Celso Castro

Cinema, televisão e história [86], Mônica Almeida Kornis

FILOSOFIA PASSO-A-PASSO

Estética [63], Kathrin H. Rosenfield

Filosofia da natureza [67], Márcia Gonçalves

Hume [69], Leonardo S. Porto

Hannah Arendt [73], Adriano Correia

Schelling [74], Leonardo Alves Vieira

Niilismo [77], Rossano Pecoraro

Kierkegaard [78], Jorge Miranda de Almeida e Alvaro L.M. Valls

Filosofia da biologia [81], Karla Chediak

Ontologia [83], Susana de Castro

John Stuart Mill & a liberdade [84], Mauro Cardoso Simões

Filosofia da história [88], Rossano Pecoraro

Teoria do conhecimento [91], Alberto Oliva

PSICANÁLISE PASSO-A-PASSO

Psicanálise com crianças [75], Teresinha Costa

Feminino/masculino [76], Maria Cristina Poli

Cinema, imagem e psicanálise [85], Tania Rivera

Trauma [87], Ana Maria Rudge

Édipo [89], Teresinha Costa

A psicose [90], Andréa M.C. Guerra

A angústia [92], Sonia Leite

Educação e psicanálise [93], Rinaldo Voltolini

Os outros em Lacan [94], Antonio Quinet

A paixão [95], Marcus André Vieira

Histeria: o caso Dora [96], Nadiá Paulo Ferreira e Marcus Alexandre Motta